RUTH CHOU SIMONS

tu mañana comienza hoy

QUÉ HACER MIENTRAS ESPERAS, ANHELAS Y ANSÍAS MÁS

Tyndale House Publishers
Carol Stream, Illinois, EE. UU.

Visite Tyndale en Internet: TyndaleEspanol.com y BibliaNTV.com.

Tyndale y el logotipo de la pluma son marcas registradas de Tyndale House Ministries.

Tu mañana comienza hoy: Qué hacer mientras esperas, anhelas y ansías más

Originalmente publicado en inglés en el 2024 como *Now and Not Yet* por Thomas Nelson con ISBN 978-1-4002-4832-2.

Traducción al español: Patricia Cabral para AdrianaPowellTraducciones

Edición en español: Ayelén Horwitz para AdrianaPowellTraducciones

Publicado en asociación con la agencia literaria William K. Jensen, 119 Bampton Court, Eugene, Oregon 97404.

Para información acerca de descuentos especiales para compras al por mayor, por favor contacte a Tyndale House Publishers a través de espanol@tyndale.com.

ISBN 979-8-4005-0670-3

Impreso en India
Printed in India

31 30 29 28 27 26 25
7 6 5 4 3 2 1

Para Troy, mi mejor amigo durante los últimos veinticinco años de esta vida de ya y todavía no. Me has enseñado a administrar el momento actual en vista de la eternidad más de lo que podrías entender, simplemente, por la forma en que vives, amas y te niegas a rendirte.

Contenido

Introducción

La Buena Vida siempre parece ir corriendo delante de mí. Está a la vuelta de la esquina, donde la perdí de vista cuando me tropecé con los cordones y tuve que detenerme para atarlos. A veces la imagino chocando los cinco con las altas ejecutivas sobresalientes, hábiles y reconocidas por otro objetivo logrado, mientras que yo sigo esperando en la fila de quienes comparten el auto. En otras ocasiones, levanto la vista de mi interminable pila de platos para lavar y alcanzo a ver que la Buena Vida anda de paseo, tomada del brazo de amigas sin complicaciones, riendo y bebiendo café moca y suspiro.

Yo quiero estar *ahí*, no aquí.

¿Sabes cómo me imagino específicamente que es la Buena Vida? Despreocupada, alegre, segura de sí misma y libre. Ha superado su dolor, sus problemas y obstáculos. Es decidida, habilidosa, usa sus dones y talentos exactamente como desea. Y, sobre todo, se siente tranquila y cómoda precisamente donde está hoy: en el presente, el ahora mismo, este instante.

Todos los días pienso que por fin alcanzaré a la Buena Vida, pero termino descubriendo que me ha eludido una vez más.

Si has agarrado este libro, mi suposición es que este momento (las circunstancias de tu vida, tus relaciones, los diálogos internos, la intimidad con Dios, el progreso, la rutina diaria, los desafíos o la manera en que resultaron tus mejores planes) no es todo lo que esperabas. Claro, puede que ahora estés sentada en tu cafetería preferida o acunando a tu bebé dormido en el porche de tu casa o disfrutando una tarde tranquila mientras comienzas este libro y, quizás, este preciso momento te genere una sensación dulce. *Gracias a Dios. Cuán grande es su gracia.* Pero el momento de tranquilidad pasa pronto, la tregua se termina y la realidad de las presiones persistentes de la vida, las desilusiones, las angustias, las cuestiones no resueltas, los rodeos y todo lo que todavía no es maravilloso vuelven a inundar tu mente. No sabes si tienes permiso para decirlo, mucho menos pensarlo, pero no quieres estar aquí en este momento.

Lo entiendo mejor de lo que imaginas. Estoy contigo, amiga, amigo. Estoy decidida a ser sincera, así que seguiré adelante y lo diré: *este momento es difícil; yo preferiría omitirlo directamente.*

El *ayer* puede ser revelador, *algún día* puede ser prometedor, pero *este momento...* puede parecernos demasiado lejano al lugar donde en realiad anhelamos estar.

Preferiríamos estar es en algún lugar donde...

- estemos más allá (del desafío, del dolor, de la prueba);
- seamos vistos y conocidos por los demás;
- no seamos un desastre completo;
- hagamos aquello para lo que fuimos creados;
- estemos llenos de gracia y de fe;
- nos sintamos alegres en nuestras circunstancias;
- trabajemos con una lista más corta de pedidos de oración;
- podamos florecer;

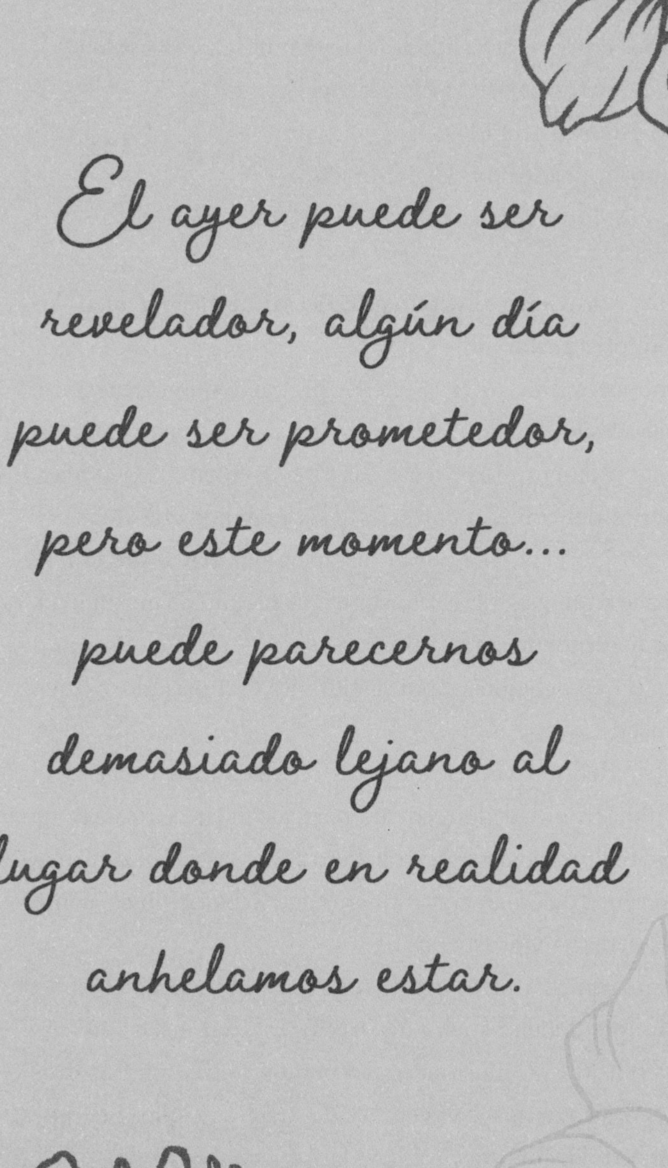

El ayer puede ser revelador, algún día puede ser prometedor, pero este momento... puede parecernos demasiado lejano al lugar donde en realidad anhelamos estar.

- estemos del otro lado de las lecciones de la vida que no queremos aprender,
- estemos entre oportunidades que demuestren nuestras fortalezas (no nuestras debilidades);
- ya no estemos afligidos;
- estemos rodeados por la comunidad;
- y nuestra influencia se note.

Esta lista proviene directamente de mi diario personal. Yo también preferiría estar allí.

Pero no estoy allí... *todavía no*. Es probable que tú tampoco, sea cual sea el significado de «allí» en tu caso. Tú y yo estamos aquí, en este momento (con todas las circunstancias de la vida y las situaciones del corazón con las cuales tenemos que trabajar). Es real la tensión generada por la distancia que hay entre lo que deseamos que sean nuestras circunstancias y lo que son en realidad. Y, a veces, hacemos un gran esfuerzo por entender qué sentido tiene todo lo que debemos soportar durante este período. Sé que a mí me sucede.

Miro alrededor y veo abundantes recursos para procesar el pasado y una infinidad de recursos para alcanzar el futuro que podríamos imaginar para nosotros. Pero ¿qué pasa ahora mismo, en este presente del cual, sinceramente, no sabemos bien cómo alegrarnos, persistir y prosperar?

¿Tenemos que hacernos más fuertes y actuar mecánicamente? ¿Se supone que debemos usar distracciones para insensibilizarnos contra nuestras desilusiones? ¿Debemos confiar en nosotros mismos y convencernos del sistema de creencias que dice que podemos controlar nuestra propia vida?

¿O hay un camino mejor?

Quizás pienses: *Está bien, Ruth, ¿vas a enseñarme cómo crear la vida que en realidad quiero? ¿Puedes compartir el secreto para ser mágicamente agradecido por mi realidad actual?* No tienes idea de la cantidad de veces que he deseado que con un sencillo botón pudiera sortear mis circunstancias inesperadas, indeseadas, que no marchan acorde a lo planeado. Desearía que pudiéramos inventar una fórmula para concretar los anhelos más profundos de nuestra vida, pero no es así.

Las soluciones que solo tratan los síntomas nunca curan del todo el dolor.

Quiero ofrecerte algo muy superior a la mejor estrategia que tengo para crear la vida que quieres o a un truco psicológico que te induzca una actitud positiva sobre lo que sea. Hay un camino mejor en verdad.

Quiero guiarte a algo más poderoso: la verdad de lo que Dios afirma sobre nuestras circunstancias no deseadas y no tan maravillosas y la verdad acerca de cómo obra él en y por medio de ellas, incluso ahora.

Si estuviéramos tomando un café (si me conoces, sabes cuánto me gustaría compartir todas estas cosas tomándonos un cafecito), te diría...

Está bien que no te guste este momento que te ha tocado.

No tiene que gustarte para aceptarlo.

Este momento tuyo es muy importante.

Vez tras vez y temporada tras temporada, he aprendido que Dios tiene una intención para lo que sucede entre hoy y mañana, entre este momento y algún día. De verdad creo que tu temporada actual no tiene desperdicio.

El viaje en el que estamos embarcándonos es sincero. Habrá que enfrentar las realidades no deseadas de este momento, decidir confrontar la situación y permanecer. Esto significa interactuar activamente con las cosas que no son naturales, alegrarnos cuando sean difíciles y prepararnos para lo que ni siquiera imaginamos posible desde nuestra posición ventajosa actual.

Este libro es para quienes esperamos, anhelamos y ansiamos más.

Mi oración es que dejemos de escondernos detrás de los lugares comunes y las soluciones transitorias para nuestro momento actual no deseado, y que con valor nos pongamos en marcha según Dios quiere transformarnos, en lugar de mantenernos ocupados tratando de cambiar nuestras circunstancias.

Podemos hacer funcionar todos los *todavía no* de nuestra vida cotidiana, en lugar de apenas sobrevivir a nuestras circunstancias hasta que se alineen con nuestras expectativas.

Podemos saber que Dios está obrando *ahora*, cuando no vemos el progreso que buscamos.

Podemos dejar de esperar que *algún día* llegue y dar el siguiente paso con lo que ya se nos ha dado.

Podemos revertir el guion de la historia que nos contamos a nosotros mismos sobre nuestras circunstancias actuales, aun cuando todavía no podamos ver todos los capítulos de nuestra vida.

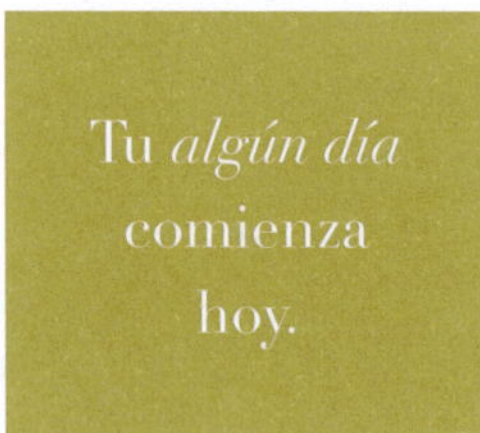

Amiga, amigo, tu *algún día* comienza hoy. Así que empieza donde estás ahora mismo, porque tu momento presente es importante.

Capítulo 1

Cuando el *ya* no es lo que anhelas

Hace veintiún años, mi esposo, Troy, y yo trajimos al mundo a nuestro primer hijo. Dos años después, di a luz a otro varón. Y otra vez al cabo de dos años. Y de nuevo dos años después de ese. Un quinto niño se sumó a nuestra familia dos años más tarde. El último hijo nació once años después de que comenzáramos nuestra travesía en la crianza de los hijos. Si estás llevando la cuenta, no te has equivocado: son seis hijos varones en solo una década. Estamos llenos de dicha y algo más que un poquito cansados.

Durante esa temporada, Troy fue pastor de una iglesia nueva y también director de una escuela que habíamos ayudado a fundar. Además, tuvimos tres mudanzas y tres remodelaciones, abrimos una página web y, luego, comenzamos un negocio. Todo en la misma década. (Es importante dejar en claro: *no* lo recomiendo). Éramos optimistas, ambiciosos y estábamos llenos de energía.

Teníamos mucha visión para lo que todavía estaba por venir: una casa terminada, una iglesia sana, una escuela consolidada, días más fáciles por delante en el matrimonio y la crianza de nuestros hijos, el uso pleno y con propósito de nuestros dones y más tiempo, dinero y recursos. Algún día.

Así que imagina mi decepción cuando la maternidad no me salía naturalmente; en cambio, cada vez más ponía al descubierto mi impaciencia, egoísmo y falta de dominio propio.

O cuando el matrimonio me parecía extremadamente difícil.

O cuando sentía que zozobraba por las heridas del ministerio mientras trataba de mantenerme a flote.

O cuando parecía que había desperdiciado mis estudios universitarios porque me la pasaba barriendo cereales.

O cuando el *algún día, cuando tenga más tiempo* nunca llegaba y, a causa de mi falta de disciplina con Dios y en la lectura de su Palabra, empecé a sentirme vacía, distante y avergonzada.

O cuando las relaciones familiares y las amistades confusas no se resolvían con claridad, y no me quedaba otra opción que buscar lo que podía, porque no contaba con otros caminos a la paz.

Imagina percibir una realidad que no es para nada la que esperabas que fuera.

Supongo que no necesitas imaginarlo; sabes exactamente de qué estoy hablando.

Aunque las temporadas y las historias de nuestra vida no sean las mismas, todos sabemos qué es anhelar algo que todavía no es nuestro. Sabemos cómo se siente querer algo distinto a lo que tenemos en este momento frente a nosotros. No sé en tu caso, pero a menudo me encuentro muy ansiosa por estar en el lado opuesto a mis circunstancias actuales y prosperar plenamente en lo que creo que es mejor pero aún no puedo ni ver ni saborear en el presente.

Dicen que la gratitud convierte lo que tienes en suficiente, pero ¿no es un misterio llevar a cabo ese paradigma? ¿Cómo puedes ser feliz viviendo el *ya* cuando el *todavía no* se siente tan lejano?

Espero que al leer esta confesión sensible estés asintiendo. Obviamente, no deseo que estés angustiado ni incómodo en tu situación actual; solo espero que tú entiendas cómo se siente luchar con el hoy. Cómo es sentirte harto de tu momento presente.

Las partes que preferiríamos omitir

«Estoy harta de esto», me quejé. Debe haber sido en el año 2010. Estaba tan metida en la crianza de mis hijitos que apenas podía llevar la cuenta de los cumpleaños. Solo sabía que tenía un manojo de pequeños, probablemente menores de ocho años. Estas palabras (que la mayoría de las veces guardaba para mi diario) se las mascullé en voz alta a Troy después de que uno de nuestros seis hijos tirara por accidente un jarro enorme con pepinillos encurtidos sobre el piso de baldosas.

Había agregado los pepinillos al carrito como un extra, algo no esencial en el presupuesto ajustado de la lista del supermercado. No eran más que unos pepinillos, pero para mí (una mamá joven que había logrado satisfactoriamente llegar a casa luego de un agotador viaje a la tienda) las lágrimas de frustración fueron la reacción natural en aquel momento. Un caleidoscopio de vidrio hecho añicos se desparramó por el piso y un río de escabeche pegajoso y dulce se escurrió y formó un charco debajo de la isla de la cocina. Mientras el bebé chapoteaba en el charco, otro de los cachorros humanos se metía en el desastre meloso y dejaba un sendero de huellitas por toda la casa antes de que alguien pudiera advertirlo y evitarlo.

No fue una tragedia; fue un accidente del cual luego pudimos reírnos. Pero para una madre exhausta que en sus momentos de tranquilidad no podía encontrarle sentido a porqué Dios le había dado seis hijos varones (cuando ella se había imaginado con una parejita prolija y supuestamente manejable de niño y niña), esta debacle del frasco de pepinillos aumentó la larga lista de *esto no es lo que quería, no es lo que esperaba y es más de lo que puedo soportar.*

«¡Ay, por favor! ¿Es en serio?», me quejé. *¿Es necesario esto, Dios? ¿Podemos omitirlo y pasar a la parte buena?*

Si en esa época alguna de las áreas de trabajo en progreso de mi vida (la maternidad, el ministerio, el matrimonio, las amistades) hubiera sido empaquetada como kit de cultivo, las instrucciones hubieran dicho oportunamente: «Solo agregue trabajo incansable y gran cantidad de tiempo». Y la etiqueta de precaución hubiera indicado en letras pequeñas:

> *Precaución*: puede generar conflicto, angustia, sufrimiento y pérdida de amistades. Puede sufrir sinsentido, descontento, caos y agobio. Los resultados pueden variar. Han ocurrido casos graves de debilidad e incompetencia.

No teníamos demasiados ahorros, casi nunca dormíamos toda la noche sin interrupciones y apenas teníamos tiempo para recargarnos antes de sentirnos totalmente extenuados de nuevo al día siguiente.

A pesar de todo lo que nos faltaba, teníamos una sólida carpeta de iniciativas que habíamos comenzado con una finalización en mente. Pero ahora (en medio de todas las realidades entre lo que era y lo que podía ser) no estaba lo que yo había imaginado y, ciertamente, no era lo que quería en el momento.

Quería presionar «Siguiente» en el panel de control de mi vida. Había orado por algunas de estas mismas oportunidades. Deseaba lo que Dios me había dado; simplemente, no quería una versión que incluyera las incógnitas, los intentos de tomar la decisión correcta sin recompensa, los obstáculos eternos, las luchas con mis propias debilidades y la falta constante de realización. No quería tener esos sentimientos; no sabía qué hacer con ellos. A veces, oraba por mis sentimientos. A veces, hablaba con Troy y con amigos de confianza. A veces, pasaba demasiadas horas navegando en Facebook. A veces, me dibujaba una sonrisa y, a la fuerza, me abría paso a lo largo del día.

Es difícil vivir intencionadamente en el presente cuando tus expectativas te llevan a otro lugar.

En lo único que podía pensar era: *Si al menos supiera qué está haciendo Dios en mi realidad presente, quizás entonces podría disfrutar de donde estoy porque sabría de qué manera mi historia tendría sentido al final.*

Este podría ser un buen momento para confesar algo de lo que no estoy orgullosa: soy una espectadora impaciente de películas. Tengo fama de apretar el botón para avanzar quince segundos en las plataformas de transmisión continua para llegar a las partes que en realidad me interesan, a la vez que salteo todo lo que considero innecesario. *Ya entendí la idea. No hay necesidad de otro montaje.* Quiero saber qué sucede a continuación. Y no me llevo bien con los giros argumentales de suspenso. Desde luego, disfruto

Es difícil vivir
intencionadamente
en el presente
cuando tus
expectativas
te llevan a
otro lugar.

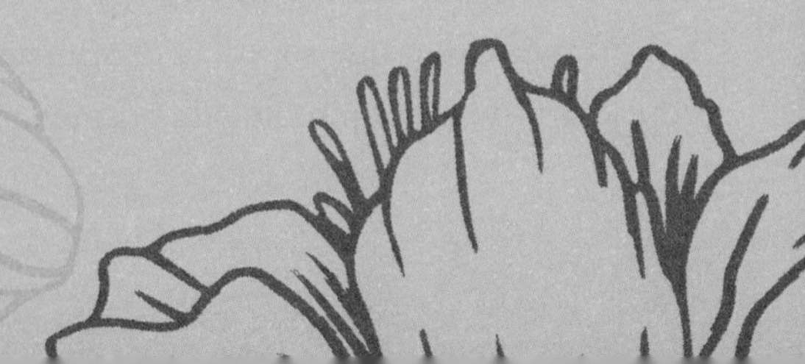

todas las idas y vueltas después de que pasan los créditos. *¡Vaya, eso fue inesperado! No la vi venir, ¡pero esa fue la mejor parte! ¡Oh, ahora quiero verla de nuevo!* Pero ¿en el momento? En el momento, solo quiero un descanso para ir al baño, aunque en realidad no lo necesite.

A veces, salgo de la habitación cuando miro una película porque es demasiado para mí. Y, otras veces, busco en Google la trama mientras transcurre la película para leer por adelantado qué viene a continuación y, así, dejar de sentirme ansiosa sobre lo que estoy experimentando en el momento. Ya lo sé. Es un fastidio mirar películas conmigo. Perdón. Es posible que no me creas, pero a veces disfruto más la película después de que leí el resumen del argumento. Así, puedo acomodarme sabiendo hacia dónde va la trama, en lugar de contener el aliento mientras espero que termine la escena estresante. Mis hijos tampoco pueden creer que haga esto.

Pero cuando acudo a la Biblia, la Palabra de Dios escrita para nosotros y por nosotros, encuentro ejemplo tras ejemplo de cómo Dios a propósito llevó a su pueblo a atravesar circunstancias actuales imposibles, en lugar de disponer un atajo para sortearlas. Tal vez, la imagen más conmovedora de esto se encuentra en Éxodo 14.

Dios había sacado a los israelitas de la esclavitud en Egipto, lo cual fue un imponente despliegue de amor y cuidado. Pero, luego, el Faraón cambió de parecer sobre dejar que su fuerza de esclavos se marchara y mandó a su ejército a perseguir a los israelitas. El pueblo de Dios se detuvo ante el mar Rojo mientras los egipcios los alcanzaban. El fin de la huida del cautiverio parecía inminente... hasta que Dios le dijo a Moisés que confiara en él para que abriera paso:

> El Señor abrió un camino a través de las aguas mediante un fuerte viento oriental. El viento sopló durante toda la noche y transformó el lecho del mar en tierra seca. Entonces el pueblo de Israel cruzó por en medio del mar, caminando sobre tierra seca, con muros de agua a cada lado. (Éxodo 14:21-22)

Aunque Dios, en su poder, podría haber desviado al enemigo con facilidad, haberlo atrasado o haberles dado a los israelitas una solución para evitar el obstáculo imposible, eligió, en cambio, guiarlos a través de él. Con toda intención, permitió que su pueblo enfrentara una circunstancia aplastante y clamara a él. ¿Por qué? Porque el Dios del universo quería abrir un camino para que su pueblo cruzara. Quería poner a la vista su propósito. Quería demostrarles que él proporciona un camino donde parece que no hay ninguno:

> Así dice el Señor,
> el que abrió un camino en el mar,
> una senda a través de las aguas caudalosas;
> el que hizo salir carros de combate y caballos,
> ejército y guerrero al mismo tiempo,
> los cuales quedaron tendidos para nunca más levantarse,
> extinguidos como una mecha que se apaga:
> «Olviden las cosas de antaño;
> ya no vivan en el pasado.
> ¡Voy a hacer algo nuevo!
> Ya está sucediendo, ¿no se dan cuenta?
> Estoy abriendo un camino en el desierto
> y ríos en lugares desolados». (Isaías 43:16-19, NVI)

Los israelitas conocían bien esta historia del rescate de Dios. Y nosotros, quienes vivimos del otro lado de la cruz de Cristo, sabemos que Dios al fin cumplió su promesa de redimir para siempre de la esclavitud y de la opresión del pecado y la muerte a todos aquellos que creen en Cristo. Dios abrió un camino a través de Jesús, «el camino, la verdad y la vida» (Juan 14:6), la única manera de regresar a la presencia del Padre. Abrió un camino para que nosotros en verdad descansáramos de perseguir todo lo que pensamos que debemos hacer o tener para estar satisfechos.

Aunque no arruines las películas como lo hago yo, es probable que luches por querer conocer la trama de tu propia historia. Quizás, has llegado a lo que sientes como un momento crítico en tu historia y estás más que dispuesto a pasar a lo que sigue. Te gustaría ir directo a la parte buena, a esa parte donde no tienes que contener el aliento, el final feliz que anhelas. Tal vez, al igual que yo, tiendes a buscar una escapatoria en lugar de atravesarla.

Pero lo cierto es que no tenemos un botón que diga «Siguiente» ni «Adelantar» para la vida; además, no hay ninguna página de Wikipedia que resuma cómo nuestras circunstancias actuales son el impulso para la siguiente parte de la historia.

Podrá parecer una pregunta innecesaria, pero tengo que plantearla: si somos personas agradecidas y, en especial, si amamos al Dios que nos dio la vida, ¿por qué no es más fácil para nosotros disfrutar cada día, momento a momento, con todas las preguntas sin respuesta, los sueños aún no cumplidos y los obstáculos? ¿Por qué nos tienta tanto saltarnos el presente y poner nuestra esperanza en lo que vendrá? ¿No deberíamos estar felices y contentos si somos benditos de alguna manera? (y, en verdad, todos lo somos a pesar de las circunstancias) ¿Acaso no dice la Biblia: «Este es el día que hizo el Señor; nos gozaremos y alegraremos en él» (Salmo 118:24)? ¿Por qué los seguidores en Cristo tenemos problemas con la espera, el deseo y la inquietud en medio de la parte desordenada de nuestra vida?

Pienso que un poco tiene que ver con lo que suponemos sobre el carácter de Dios, con la comprensión limitada que tenemos de sus caminos y con las decisiones que debemos tomar cada día sobre cómo realinearnos y responder a lo que Dios nos dice sobre sus propósitos aquí mismo donde estamos. Cuando observo la vida de los hombres y las mujeres de la Biblia (las personas que Dios incorporó a su historia de redención), veo muchos ejemplos de este mismo tipo de lucha por aceptar y usar lo que se nos ha dado cuando no podemos entender cómo se desarrollará todo. Tú y yo no somos los primeros que luchan por resolver cómo ser fieles y fructíferos entre el aquí y el allá, lo que se ve y lo que no se ve, entre tener hambre y estar satisfecho, el ya y todavía no.

De hecho, Dios tiene un propósito aquí mismo, en medio de todo esto. Puesto que yo he luchado con estos mismos pensamientos en cada etapa de mi vida, en verdad creo que la forma en que abrazamos este momento es un realineamiento eterno y continuo del corazón. (Advertencia de anticipo de contenido: *realineamiento* es volver a la perspectiva, la postura y el propósito que Dios diseñó para nosotros como hechos a su imagen. ¡Más adelante, en este libro, habrá más sobre este tema!). No sucede por defecto y seguro que no es fácil, pero he descubierto una y otra vez que Dios está obrando más de lo que sabemos.

La forma en que abrazamos este momento es un realineamiento eterno y continuo del corazón.

El líquido pegajoso de los pepinillos y las huellitas de los niños no son parte de mi temporada actual, y puede que no sean parte de la tuya. En cualquier caso, lo cierto es que, aunque la serie de circunstancias no deseadas parezca y se sienta distinta de una temporada a la otra, siempre está presente en los momentos actuales de nuestra vida. Siempre hay algo que preferiríamos evitar, una circunstancia que desearíamos saltearnos apretando «Siguiente». Desde donde te escribo estas palabras, ha pasado ya más de una década de la temporada del frasco de pepinillos, pero cada momento presente en mi vida adulta ha tenido circunstancias igualmente desafiantes (si bien, diferentes) que directamente hubiera preferido saltear. La lucha del corazón es la misma.

Te invito a tomarte un minuto y hacer una pausa. Quizás, ya has identificado cuál es tu situación pegajosa actual. Si no, tal vez estas preguntas te ayuden:

1. ¿Qué realidad no deseada o difícil de soportar en tu momento presente parece innecesaria y sin propósito para llevarte a ese algún día que anhelas?
2. ¿En qué área te sientes atascado en esta etapa de tu vida?

Esta no es una lección única para mi vida, supongo que tampoco lo será para ti. Tienes la opción de estar presente, de no retirarte, de seguir adelante en las partes no deseadas de tu historia que están pasando ahora mismo, aunque no las sientas útiles ni productivas. Las prácticas más transformadoras de la vida son las que llevan tiempo. Te hacen cambiar de parecer antes de cambiar de rumbo.

La misionera y escritora Elisabeth Elliot fue sabia al decir: «El secreto es Cristo en *mí*, no yo en medio de diferentes circunstancias»[1]. Dios es el Dios que abre el camino... el camino a través de sí mismo.

¿Qué significa «Cristo en mí» para el próximo paso que debemos dar en medio de nuestras decepciones, nuestros sueños postergados y nuestras expectativas de cambio? Si creer lo correcto nos lleva a vivir correctamente (lo cual estoy convencida de que es así), debemos acortar la distancia entre lo que sabemos racionalmente y cómo nos desenvolvemos en nuestra vida diaria. Debemos reemplazar nuestro modo supervivencia por una estructura para vivir el ya, incluso cuando todavía no hemos alcanzado lo que anhelamos.

Descubriremos esto y más en nuestro viaje. Estás justo donde tienes que estar. Da vuelta la página, pero no te saltees nada.

VERDAD A LA QUE AFERRARSE

Aunque hoy no sea lo que quiero, Dios sabe lo que necesito.

UNA LITURGIA PARA CUANDO LAS EXPECTATIVAS NO SON SATISFECHAS

Señor, tengo enterradas en lo profundo de mi ser
expectativas
que la mayoría de mis amigos y familiares nunca
conocerán del todo...
hasta que hagan erupción, se desborden y se extiendan
dejando al descubierto mis anhelos secretos.
No soy ni dueña ni dirigente de mi propia vida.
Por eso, enséñame a reconocer qué es verdad
y someterme
a tu gobierno y a tu reinado,
a tus caminos sabios,
a tu tiempo en todas las cosas,
a tu propósito en el sufrimiento,
a tu margen para las decepciones,
a tu demora en la liberación.
Este momento quizás no sea lo que quiero,
pero afina mi corazón para cantar de tu gracia.
Incluso aquí, donde siento la disonancia
de no estar en sintonía,
déjame acercarme y escuchar la melodía
de tu fidelidad hoy,
para que aun mis expectativas sean transformadas
en anhelos que reflejen tu corazón por mí.
Haz lo que parece imposible para mí,
pero que es más que realizable por tu mano, oh, Señor.
Amén.

Capítulo 2

Invitación a la inquietud

Hace poco, vi una vieja fotografía de mí de cuando asistía a la universidad. Llevaba el cabello muy corto. Lo llamaban *pixie* o «a lo chico». Yo conocía ese estilo con otro nombre: «Estoy tan frustrada que no sé qué hacer, así que me cortaré todo el pelo». Si recuerdo bien, esto fue impulsado por una ruptura tumultuosa con Troy antes de que volviéramos a estar juntos. A él le gustaba mucho mi cabello largo. Yo en verdad quería que se arrepintiera del dolor que presuntamente me había causado. Mirando atrás, el drástico corte de cabello no fue solo para hacerle daño. Fue un intento desesperado por hacer algún tipo de cambio, cualquier cambio, que calmara mi corazón porque me lo habían roto, sí, pero también porque estaba buscando *algo* con ansias. Me sentía impaciente por un cambio. Quería saber hacia dónde iba en la vida y con quién. Estaba inquieta porque quería más y, en aquel tiempo, Troy no tenía más que darme.

En el momento, me sentí bien al ver a mi nueva yo en el espejo. El cambio instantáneo puede ser emocionante. Pero el entusiasmo por el corte de cabello fue breve y pronto descubrí que volvía a sentirme inquieta, como si me faltara algo. Lamentablemente, la idea me costó muchos años de malos cortes de pelo. Aprendí por las malas que hay maneras menos extremas de manejar el desasosiego.

Somos personas inquietas. Aunque nuestra vida esté completa, sentimos como si nos faltara algo y vamos en busca de más.

La frase conocida volvió a aparecer el otro día cuando conversaba con una amiga: «Me siento tan inquieta». Ya perdí la cuenta de la cantidad de veces que surgió esta confesión entre amigos, en grupos pequeños y en cenas en los últimos meses. Sé a qué se refieren porque yo misma me sentí así muchas veces. Después de tantos años, ya logro escuchar las preguntas que hay detrás de las declaraciones:

¿No hay más que esto?
¿Cómo me libero de mi vida tediosa?
¿Y si quiero más?
¿Qué pasa si no me siento realizado?
¿Cómo llego a donde quiero ir?
¿Está bien sentirme descontento?
¿Por qué no estoy motivado para seguir adelante donde estoy?
¿Qué pasa si no me apasiona la vida que tengo ahora?
¿Quién soy en realidad?
¿Cuál es mi propósito en esta única vida que tengo?

Si la *inquietud* se define como «el estado de no poder estar quieto o de no ser feliz en la situación que te encuentras porque te aburres o necesitas un cambio»[1], lo que buscas cuando te sientes así es el alivio de esa ansiedad. Esta es la cuestión: en realidad quiero «poder estar quieta». No solo físicamente (aunque es absolutamente necesario dormir, descansar y dejar de trabajar como si nuestra vida entera dependiera del trabajo), sino también mental, emocional y espiritualmente quieta. Quiero sentir alivio del esfuerzo ansioso, de la preocupación y del temor de que la Buena Vida me pase de largo. En una palabra, busco *paz*. Cuando mi corazón va de un lado a otro, en realidad, estoy buscando una forma de descansar.

¿Qué hay en el fondo de nuestras ansias de cambio, de algo diferente, de algo más? ¿Cuál es la verdadera raíz de sentirse estancado, como si lo que tenemos no fuera suficiente?

Cuando analizo mi inquietud, siempre descubro, muy en el fondo de mi ser, el temor de que Dios no sabe tanto, que de alguna manera no recibió el memo de lo que en realidad necesito, lo que quiero de verdad o cómo debe ser mi vida. Me cuestiono dónde estoy y con qué me ha tocado trabajar. La creencia fundamental de la inquietud surge de pensar que en realidad no puedo descansar hasta que logre todo lo que creo que necesito. Es preciso decir que mi inquietud suele coincidir con mi olvido de dónde viene el verdadero descanso.

La inquietud versus el descanso verdadero

El primer libro de la Biblia revela cómo nos volvimos inquietos desde el principio. Quizás recuerdes la historia: Adán y Eva tenían todo lo que podían desear y, sobre todo, vivían en la presencia misma de Dios. Tenían una comunión sin obstáculos con su Creador, y toda la creación estaba en paz. No conocían un día

Mi inquietud
suele coincidir
con mi olvido
de dónde viene
el verdadero
descanso.

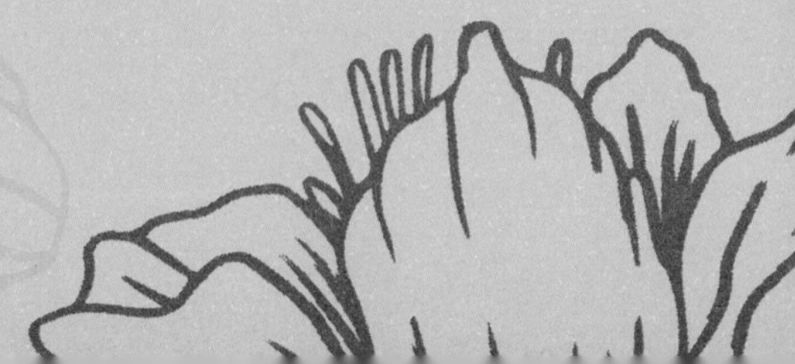

apartados de su cuidado. La Biblia nos dice que existían como Dios los había creado: estaban «desnudos, pero no sentían vergüenza» (Génesis 2:25). Dios les dio acceso a todo, excepto al fruto del árbol del conocimiento del bien y del mal.

Cuando la serpiente vino a tentar a Eva, no la tentó con el fruto mismo; plantó en su mente la inquietud de a qué podía darle acceso el fruto. Cuestionó la bondad y el plan de Dios para Adán y Eva, y la mujer mordió el anzuelo. Es una historia conocida, pero quiero que la leamos de nuevo y observemos qué valoró fundamentalmente Eva:

> La serpiente era más astuta que todos los animales del campo que Dios el Señor había hecho, así que le preguntó a la mujer:
>
> —¿Conque Dios les dijo que no comieran de ningún árbol del jardín?
>
> —Podemos comer del fruto de todos los árboles —respondió la mujer—. Pero en cuanto al fruto del árbol que está en medio del jardín, Dios nos ha dicho: «No coman de ese árbol ni lo toquen; de lo contrario, morirán».
>
> Pero la serpiente dijo a la mujer:
>
> —¡No es cierto, no van a morir! Dios sabe muy bien que cuando coman de ese árbol se les abrirán los ojos y llegarán a ser como Dios, conocedores del bien y del mal.
>
> La mujer vio que el fruto del árbol era bueno para comer, y que era atractivo a la vista y era deseable para adquirir sabiduría; así que tomó de su fruto y comió. Luego dio a su esposo, que estaba con ella, y él también comió. En ese momento, los ojos de ambos fueron abiertos y tomaron conciencia de su desnudez. Por eso, para cubrirse entretejieron hojas de higuera. (Génesis 3:1-7, NVI)

Deseable para adquirir sabiduría. En definitiva, ¿qué valoró Eva? Ella quiso ser como Dios, saber lo que él sabe, conseguir para sí lo que no confiaba del todo que Dios le daría. Ya ves, la decisión de Eva no fue porque tuvo un lapsus temporal de sensatez, tampoco fue hipnotizada por una lustrosa manzana deliciosa. Más bien, se permitió creer que Dios le ocultaba información, que todavía no le había dado lo mejor. Por eso, optó por extender la mano y conseguirlo por su cuenta. Ella quería más. Más de lo que Dios había provisto. Más de lo que él había prometido. Más que Dios mismo.

El mundo incrédulo suele celebrar los actos de Eva como poderosos y firmes, pero hablemos claro: Dios le dio a Eva todo lo que en realidad necesitaba para ser la mejor versión de quien él la había hecho para ser. No le faltaba nada. Eva fue hecha para estar plenamente satisfecha en su Dios y Creador. Acceder a él sin ninguna vergüenza ni obstáculo fue el mayor poder sobrenatural que pudo experimentar en su vida. No ganó nada mejor por confiar en sí misma. Quería más que la provisión de Dios, pero en lugar de darle más, su búsqueda generó ansiedad dentro de ella y de cada persona que vivió desde entonces.

Por causa del pecado, Adán y Eva conocieron la vergüenza por primera vez y experimentaron un sentimiento que no habían conocido antes: la sensación de *no tener lo suficiente.*

Sin el quebrantamiento del pecado, no lucharíamos con esperas, anhelos e inquietudes. Antes de que Adán y Eva comieran el fruto, los sentimientos de no tener suficiente no entraban en consideración porque Dios era plena y completamente satisfactorio. Entiéndeme bien: no es pecado batallar con esos sentimientos. Los sentimientos en sí mismos no son pecaminosos, pero la tentación de lograr más por nuestra cuenta puede llevarnos a reacciones pecaminosas si tratamos de sustituir el verdadero descanso en Dios buscando el bienestar en cualquier otra cosa.

Aunque el pecado, la incredulidad, el descontento y la desobediencia entraron en el mundo a través de Adán y Eva, el plan de Dios siempre ha sido devolvernos la relación que tenía destinada para nosotros y el descanso para el cual fuimos creados. Nuestra inquietud puede ser resultado de la caída, pero la redención restaura nuestra capacidad de descansar de verdad. Podemos descansar porque hay un cambio interior, aun cuando nuestras circunstancias no hayan cambiado exteriormente.

Es por esta razón que Jesús prometió el descanso verdadero:

> «Vengan a mí todos ustedes que están cansados y agobiados; yo les daré descanso. Carguen con mi yugo y aprendan de mí, pues yo soy apacible y humilde de corazón, y encontrarán descanso para sus almas. Porque mi yugo es suave y mi carga es liviana». (Mateo 11:28-30, NVI)

Descanso para sus almas. Jesús caminó entre personas que conocían bien el yugo de la esclavitud, la carga de las normas y las restricciones que les imponían los líderes religiosos, el peso opresivo y la santidad inalcanzable de la ley de Dios. La ley había sido hecha para llevarlos al Salvador... directo a Jesús, de hecho. Jesús ofrecía libertad donde había cautiverio, descanso espiritual donde había esfuerzo sin fin y un suspiro de alivio donde antes solo existía ansiedad.

Su Palabra sigue vigente para ti y para mí también hoy: la oferta sigue en pie. Cuando ponemos nuestra esperanza en Jesús, canjeamos los sentimientos de inquietud por nuestros *todavía no* y nuestros *no es suficiente* por sus *ya* y sus *totalmente satisfactorio*. Cambiamos la carga de nuestros intentos de alcanzar lo que creemos que nos falta por el descanso que llega cuando recibimos lo que Dios provee de manera completa.

¿Eso quiere decir que aceptamos nuestra vida tal cual es y no aspiramos a nada más? ¡Claro que no! Simplemente, quiere decir que no tenemos que esperar algo más y mejor para descansar del todo. Podemos estar en reposo justo donde estamos, porque nuestra capacidad de quedarnos quietos y saber que él es Dios (Salmo 46:10) no depende de que nuestras circunstancias nos parezcan reposadas o livianas. Depende por completo de a dónde acudimos en busca del verdadero descanso. Dios nos hizo para que lo necesitemos, para que acudamos a él por el reposo que buscamos. Es una respuesta activa a la inquietud que podemos sentir.

Estamos hechos por Dios, para Dios y para estar satisfechos en Dios. A eso se refería Augustine cuando escribió: «Nos has hecho para ti y nuestro corazón está inquieto hasta que repose en ti»[2].

Nombrar la causa

No sé tú, pero cuando llego a casa luego de un largo día, lo primero que hago es dejar mis bártulos en el piso, quitarme los zapatos y ponerme ropa cómoda. Me quito todo lo que me agobió durante el día, porque estoy en casa y estoy lista para descansar.

No puedo optar por descansar y, al mismo tiempo, trabajar frenéticamente. No puedo estar en reposo y dar vueltas de un lado a otro al mismo tiempo. No es descanso si también estoy maquinando, manipulando o planeando una estrategia para lograr algo que quiero. Eso no es descansar. Descansar en Dios significa tomar la decisión de deponer nuestras formas independientes de acceder a más. Dios quiere que dependamos por completo de él y de su gracia y, por lo tanto, estemos en reposo.

La verdad es que la angustia y la inquietud por los momentos presentes de nuestra vida tienen menos que ver con un deseo de progreso y más con dudar de que nuestra realidad actual sirva para lo que todavía no se ha realizado. En otras palabras, nuestra inquietud es más un tema del corazón que una cuestión que necesita solución.

Lo que en realidad necesito durante las temporadas en que me siento más inquieta, e incluso día a día, es ver mis circunstancias actuales como las ve Dios. Necesito alinear mi perspectiva con la suya y acudir a él ahora, confiar en él ahora, caminar con él ahora, obedecerlo ahora.

Tú y yo tenemos que dejar de buscar un remedio para nuestra inquietud y seguir adelante.

Está bien, pero ¿cómo?

Creo que hay que empezar siendo honestos sobre lo que nos inquieta, mencionar lo que pensamos que no tenemos y hablar con el Señor sobre los todavía no que hay en nuestra vida. No podemos hacer la obra en nuestro propio corazón, o con Dios, si no hablamos con sinceridad en cuanto a lo que en realidad nos cuesta o lo que pensamos que falta en nuestra vida. El consejo del mundo suele ser que nombremos lo que deseamos como una forma de manifestar y lograr objetivos por nosotros mismos, pero lo que yo propongo es otra cosa.

No nombramos la causa de nuestros anhelos incesantes para que se genere lo que creemos que merecemos. Más bien, nombramos la causa de nuestros anhelos incesantes para verlos desde la perspectiva de la historia redentora de Dios: a través de la perspectiva del evangelio, por así decirlo. Es solo a través de esta perspectiva que encontraremos el verdadero remedio para nuestro descontento y anhelo por lo no realizado, lo que todavía no es o lo que no es suficiente.

Permíteme brindarte un apartado sencillo para autoevaluarte:

1. ¿Qué circunstancias están generándome inquietud?
2. ¿Con qué problemas subyacentes de identidad o de autoestima estoy luchando?
3. Según la Palabra y la sabiduría de Dios, ¿el remedio para lo que necesito está en mí o en él? ¿En mis esfuerzos o en la obra de Dios?
4. ¿Cómo puedo dejar de luchar y empezar a descansar donde estoy ahora?

He aquí una confesión sincera de inquietud de mis primeros años como madre:

> *Dios, siento ganas de algo más que el trabajo ingrato de cambiar pañales, limpiar la casa e intermediar en las peleas de los niños todos los días. ¡Quiero que me valoren por las cosas en las que soy buena. No me siento bien con este trabajo rutinario y tedioso! Tengo dones que no llego a utilizar y no creo que me sienta realizada hasta que lo haga.*

Y así es como evaluaría mis sentimientos en la medida que surgen:

1. **¿Qué circunstancia está generándome inquietud?** La circunstancia de la vida que me genera inquietud es el cansancio y la cotidianeidad de estos años de crianza. Siento que no tengo vida propia.

2. **¿Con qué problemas subyacentes de identidad o de autoestima estoy luchando?** Creo que mi valor deriva de un sueldo o de la aprobación de los demás.

3. **Según la Palabra y la sabiduría de Dios, ¿el remedio para lo que necesito está en mí o en él? ¿En mis esfuerzos o en la obra de Dios?** Mi dignidad y mi valor provienen de lo que Dios declara sobre mí, no de lo que yo hago por él. Mi identidad está en él cuando he sido salva por la gracia y por medio de la fe. Eso significa que mi vida no me pertenece. Él me creó (¡como una obra maestra!) y tiene un propósito para mi vida: que pueda caminar en la gracia que me salvó. Mi aprobación nunca procederá de lo que los demás piensen de mí, sino de lo que Dios dice de mí.

4. **¿Cómo puedo dejar de luchar y empezar a descansar en el lugar donde estoy?** Puedo estar pendiente de cómo usará Dios los dones que él me dio y, a la vez, puedo confiar en que lo que me ha tocado hacer hoy también es valioso y significativo. El valor atribuido a cómo yo use mis dones no depende de lo que me paguen ni de la aprobación, así que puedo decidir usarlos ahora, incluso en mi contexto actual como mamá de niños pequeños, exactamente donde estoy en este momento.

Este pequeño ejercicio de predicarme y aplicar la verdad a mí misma me cambió la vida y me ayudó a sobrellevar las épocas en las cuales sentía mayor inquietud. Expuso de qué formas algunos de los pensamientos que me causaban inquietud eran idólatras y una manera de adorar mis propios sueños y aspiraciones, en lugar de adorar al Dios que me creó con los dones que yo deseaba usar. Pero también me ayudó a procesar lo que deseaba y, cuando decidí poner mi confianza en él de nuevo, aprendí a ser firme en mi identidad en Cristo y a usar mis dones de maneras que no podría haber pensado por mí misma.

Dios anhela más tu corazón de lo que anhela que se cumplan tus sueños.

Te animo a agarrar tu diario y recorrer estas preguntas. Te prometo que te ayudarán a disipar la brumosa sensación de inquietud y traerán algo de claridad con respecto a aquello contra lo que en realidad estás batallando. Recuerda que Dios anhela más tu corazón de lo que anhela que se cumplan tus sueños.

Redefine tu temporada todavía no maravillosa

Lo que a Dios en realidad le interesa es nuestro corazón. Este es el cambio de paradigma que transformará nuestro presente intranquilo: el estado de inquietud e insatisfacción es exactamente donde necesitamos estar para que Dios nos moldee y nos lleve a donde él quiere que vayamos.

Si nuestro deseo es experimentar más de los propósitos y los planes de Dios para nuestra vida, lo que debemos cultivar en este momento es una actitud de descanso en el Dios en quien confiamos (libre y sin obstáculos).

Deja que esta verdad redefina tu manera de ver la temporada actual, que aún no es maravillosa. Está bien si no te sientes despreocupado, contento y confiado en los deseos y los planes que Dios tiene para ti de inmediato. Solo prométeme que trazarás una línea desde tu inquietud hasta la raíz de tu inquietud. La verás si despejas cada una de las partes de las preguntas que te haces y los temores que tratas de aplacar. Dios te encontrará justo donde estás, en medio de todo ese caos. Te lo prometo.

Amiga, amigo, la inquietud no es un enigma que bebemos resolver solos; es una invitación de Dios a encontrar las respuestas en él, a insistir y descubrir quién es él y por qué podemos descansar en él. Tiene que ver con lo que él está haciendo cuando no puedes ver que esté sucediendo algo extraordinario. Si aún no tienes ojos para verlo, no te preocupes. Él nos invita a acercarnos cada vez un poco más a su presencia.

VERDAD A LA QUE AFERRARSE

Fuiste hecho para descansar en él.

UNA LITURGIA PARA CUANDO ANHELAS ALGO NUEVO

Estoy inquieta, oh, Dios, en la noche y en la luz,
en mis pensamientos y en los lugares secretos
de los deseos de mi corazón.
Doy vueltas en la cama como si no quisiera dormir,
como alguien que no encontró lo que estaba buscando.
Pero tú puedes ser encontrado,
y me has encontrado a mí.
Para quienes encuentras y rescatas,
ya no existe el yugo de la esclavitud del pecado.
El descanso no es solo una posibilidad, sino una promesa.
Por eso, traigo todo lo pendiente, lo imperfecto
y lo que no es como debería ser,
y lo pongo delante de tu trono, donde estás sentado,
reposando,
no de pie ni ansioso,
viendo cómo terminará todo.
Calma mi corazón ansioso, oh, Señor.
Deposita en mí la paz
que sobrepasa todo entendimiento
para que, en caso de que las tormentas de la vida me zarandeen,
encuentre reposo para mi alma en la balsa de tu salvación segura.
Descansaré en ti; déjame descansar en ti.
Amén.

Capítulo 3

Escondido no significa olvidado

Años antes de ser madre, estuve a punto de abrir una pequeña galería de arte y una tienda de regalos para exhibir mi obra en el espacio de un altillo vacío que había quedado disponible para mí. Me parecía demasiado abrumador, así que no lo concreté. En lugar de eso, pasaba mis días libres que tenía de mi empleo en una tienda minorista mirando en la diminuta pantalla de un televisor cómo Oprah concedía deseos y cumplía sueños. Me sentía muy feliz por quienes estaban a punto de alcanzar sus sueños y, al mismo tiempo, muy derrotada. Me preguntaba si mis actividades creativas alguna vez dejarían de estar escondidas. Tenía veinticuatro años, estaba recién casada, me había graduado en Bellas Artes y aún me faltaba para obtener mi título en el seminario.

Unos años después, me dedicaba a ministrar a tiempo completo con Troy y estaba embarazada de nuestro primer hijo. Empezábamos aquella ambiciosa década de bríos, lanzamientos y levantamiento del ministerio en el hogar de la familia Simons. Tenía el honor de acompañar y trabajar junto a Troy en todas nuestras iniciativas públicas, pero no podía evitar ver la disparidad evidente de nuestras realidades. Su vida era plena con un ministerio visible, mientras que la mía estaba oculta por completo.

Sin ser vista en el ministerio público, sin que se viera mi potencial, oculta en casa con ropa para lavar y comida que preparar, oculta por las limitaciones de una etapa que parecía más de puertas cerradas que de grandes oportunidades.

Desde luego que tenía dones. ¡Y claro!, anhelaba verlos prosperar de grandes maneras para el reino de Dios. ¡La obra misionera! ¡El liderazgo! ¡Las artes! ¡Los negocios! Estaba lista para dedicarme a esa pequeña galería de arte; deseaba haberlo hecho cuando tuve la oportunidad. Tenía grandes ideas para impactar al mundo con mi pasión y mis talentos, pero las oportunidades que Dios me daba en ese momento eran a oscuras, lejos del protagonismo, de las inauguraciones espléndidas o del éxito en Internet que yo imaginaba sería significativo.

Nadie disfruta de estar oculto, ¿verdad? La mayoría no se ofrece como voluntario para ser pequeño, ignorado o desconocido. No es lo típico que pidamos a gritos usar nuestros dones para beneficiar a cinco personas, cuando cinco mil parece un número mucho más fructífero. Y, gracias a las redes sociales, hay miles de oportunidades para ver que otros siguen avanzando en sus dones, que van más rápido y son más fructíferos que nosotros con nuestra vida normal.

Todavía recuerdo que a comienzos de los años 2000 descubrí

a una mujer común y corriente como yo que escribía un blog. Leía con atención una revista mientras me ejercitaba en la caminadora del gimnasio (cuando eres una mamá joven y desesperada, esos breves y preciosos momentos a solas valen la pena aunque en general seas reacia al ejercicio físico). Leí acerca de una mujer que escribía en un blog personal sobre su vida cotidiana, hilando sus esfuerzos creativos, meditaciones, conceptos y su punto de vista sobre la vida de todos los días.

Era ingeniosa, simpática e innovadora. Era vanguardista, a tal punto que yo leía sobre ella durante la única hora de alivio temporal de la vida tediosa que tenía. Su historia me deleitaba tanto como me hacía sentir abatida. Me emocionaba que mujeres como yo estuvieran empezando a contar sus historias sin tener detrás una cadena televisiva ni auspiciantes publicitarios. Pero también sentía una rara punzada de tristeza al imaginar que ya me había quedado atrás, que era demasiado tarde para sumarme a la fiesta y que estaba demasiado escondida tras la trinchera de todas mis responsabilidades para siquiera considerar contar mi historia a las multitudes.

Pero ahí estaba el problema: yo suponía que el valor de contar mi historia se mediría por la cantidad de personas a las que alcanzara.

No era fama lo que yo buscaba. Lo que deseaba era impactar. Anhelaba ser importante. Quería que mis días valieran para algo más que las tareas rutinarias bajo las cuales estaba tapada: ordenar los calcetines, pedir turnos, vaciar el lavavajilla, limpiar las manchas de la alfombra. Esa no era la vida de propósito que había anhelado ni imaginado como joven seminarista años antes.

En un mundo donde la influencia suele medirse según las descargas, las impresiones y los seguidores en una plataforma.

Rara vez estar escondidos recibe elogios como vehículo por el cual ejercemos influencia. Una puede tener la tentación de preguntarse: «¿Mi vida y mis ideas son importantes si no tengo tiempo de aire, una plataforma, notoriedad o un micrófono? ¿Mis dones tienen algún sentido si son conocidos apenas por unos pocos?».

Quizás, tu ocultamiento se deba a una lista interminable de tareas: las reuniones eternas, vaciar la bandeja de entrada de los correos electrónicos, declarar impuestos, manejar en el tránsito, hacer tu trabajo y todas las cosas domésticas pendientes que se acumulan día tras día. Algunos nos sentimos escondidos porque cuidamos a nuestros padres ancianos o a niños pequeños que exigen gran parte de nuestro tiempo y energía. Tal vez has padecido limitaciones de salud que te producen la sensación de estar en el banco suplente. O, tal vez, la historia de tu vida no es como deseabas o esperabas y no ves los resultados de esta temporada escondida en la que te encuentras.

Pero ¿qué pasaría si los años ocultos (las temporadas en las cuales pensamos que nuestras labores pasan desapercibidas, cuando nos sentimos de segunda por nuestras limitaciones, cuando las puertas que esperábamos estuvieran abiertas están, en cambio, cerradas o cuando nuestros dones parecen olvidados, desaprovechados o invisibles por completo y nuestras contribuciones parecen pequeñas, insignificantes y, sencillamente, *escondidas*) resultaran ser más útiles de lo que podríamos imaginar?

¿Y si aceptáramos los años ocultos?

¿Y si aceptáramos de buena gana estar escondidos tanto como procuramos la visibilidad?

La visibilidad, la multiplicación y la plataforma no son los únicos caminos que nos permiten causar un impacto. Aceptar estar escondidos puede parecer una manera contracultural e ilógica de tener relevancia en nuestra época actual, pero Dios ha tenido el hábito de usar los años ocultos como una herramienta para sus propósitos redentores en la vida de su pueblo.

De la oscuridad a la visibilidad

Piensa cuántas veces en las Escrituras vemos a hombres y a mujeres fieles cuyo potencial parece escondido y a quienes, aun así, Dios no se ha olvidado. ¿Recuerdas a David, a quien se le prometió el trono de Israel, pero tuvo que huir durante años de su adversario, el rey Saúl, y esconderse en cuevas, alejado de su puesto y de la prominencia que se le había prometido?

¿O qué me dices de la mujer samaritana que conoció a Jesús junto al pozo, en

Juan 4? Estaba tan aislada y oculta en su comunidad que sacaba agua en la hora más calurosa del día, cuando nadie más quería ir.

En 1 Samuel leemos sobre una mujer llamada Ana. Estaba ansiosa por tener un hijo que no llegaba y estuvo escondida por los años de infertilidad, algo que culturalmente debe haberla hecho sentirse avergonzada y despreciable.

¿Qué me dices de Jesús mismo? El propio Hijo de Dios pasó treinta de sus treinta y tres años de vida en el anonimato, escondido del ministerio público. No había multitudes siguiéndolo a todas partes. No tenía plataforma pública ni popularidad. Hasta donde sabemos por medio de las Escrituras, Jesús fue el hijo de un carpintero, leal a su familia y a su comunidad, escondido del mundo hasta que llegó el tiempo designado por Dios.

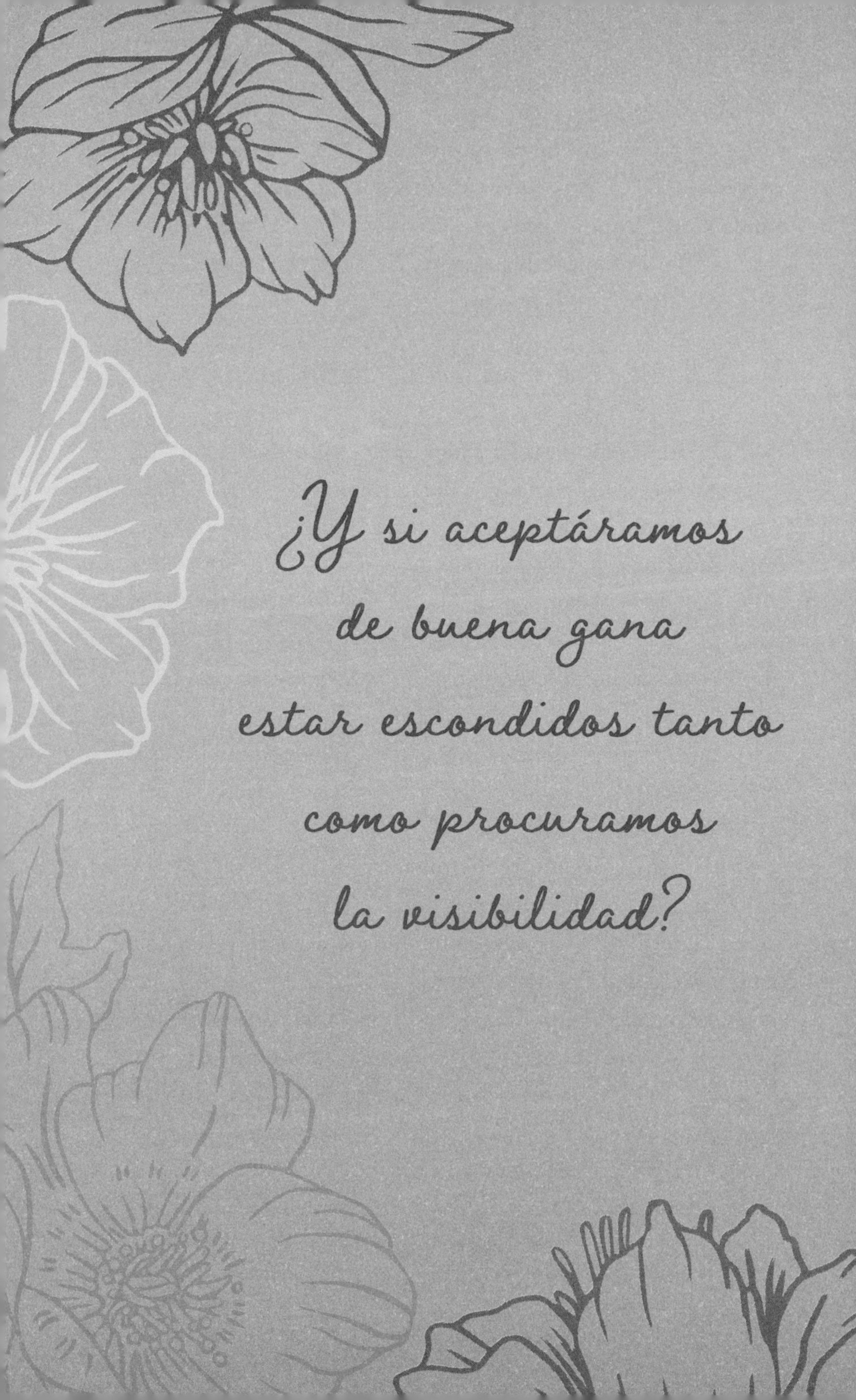

¿Y si aceptáramos
de buena gana
estar escondidos tanto
como procuramos
la visibilidad?

¿Los años ocultos de estos hombres y mujeres fueron usados por Dios? ¿Tuvieron un rol importante en el plan de Dios? ¡Sí!

Los años que David estuvo escondido demostraron ser sumamente fructíferos, ya que Dios usó esas circunstancias para dar lugar a los muchos salmos de adoración, lamento y entrega que hoy nos sirven a nosotros, la iglesia. Dios usó los años que David estuvo escondido para preparar a un hombre imperfecto para un trono terrenal: el trono que un día preludiaría al Rey eterno.

¿La mujer del pozo? Su ocultamiento al final la condujo a un lugar de entrega y adoración a Jesús, su Salvador. Pasó de esconderse de la gente del pueblo a convertirse en una evangelista en su comunidad: «Muchos samaritanos de esa aldea creyeron en Jesús, porque la mujer había dicho: "¡Él me dijo todo lo que hice en mi vida!"» (Juan 4:39).

Y la temporada escondida de Ana (la oscuridad en una cultura en la que el valor de la mujer dependía de su capacidad para tener hijos) dirigió su corazón al Señor con oraciones diligentes y desesperadas. Ana buscó consuelo en Dios cuando sufrió la vergüenza de su infertilidad. A su tiempo, Dios le dio a Ana un hijo (que llegaría a ser el primer profeta), el cual fue llamado Samuel. Este nombre significa literalmente «oído por Dios», su llegada causó que Ana dejara de esconderse.

¿Y en qué fueron útiles los treinta años de anonimato de Jesús? Estudió, trabajó y se rio con sus amigos. Se preparó para el ministerio, sirvió a su familia, contribuyó a su comunidad y vivió la adolescencia. Se preocupó por las personas y supo cómo era sentir hambre. Jesús vivió una vida normal a propósito. Como dijo un pastor:

> Que [Dios] enviara a su propio Hijo a vivir, madurar y trabajar en relativo anonimato durante unas tres décadas, antes de hacerse conocido en público y adquirir reconocimiento como maestro influyente, tiene que decirnos algo sobre la dignidad de la vida y el trabajo común y corriente de los seres humanos (y de la santidad y la maduración graduales)[1].

Oh, Señor, enséñanos a aceptar el crecimiento y la maduración graduales.

Cuando superamos nuestros años ocultos, a menudo podemos ver los propósitos de Dios. Las temporadas que en nuestro entendimiento limitado hemos considerado improductivas, muchas veces, resultan ser todo menos eso. Muchas historias victoriosas de impacto, influencia y liderazgo en la Palabra de Dios nacieron de largos períodos de un ocultamiento que no parecían tener propósito. Nos cuesta demasiado ver la posibilidad o el potencial del otro lado cuando estamos en medio del asunto.

De la visibilidad a la oscuridad

Eso sí, seamos sinceros y reconozcamos que el plan de Dios para el ocultamiento no siempre nos da como resultado una etapa de notoriedad pública ni de éxito a gran escala. Es fácil celebrar el ocultamiento cuando, al final, el bueno sale victorioso, el bien vence al mal, el muchachito gana o Dios saca de las sombras a lo que es desconocido y amplifica una voz para influir en el mundo. Me encantan esas historias, pero no todas las historias terminan así.

De hecho, algunas de las personas más fieles del Nuevo Testamento fueron empequeñecidas, menoscabadas e, incluso, eliminadas por sus perseguidores. Nuestras temporadas escondidas e indeseadas no siempre se transforman en la vida que hemos soñado. El trabajo en lugares secretos no siempre lleva al crecimiento o al ímpetu en espacios públicos. Nuestros años ocultos no siempre despliegan un impacto visible.

Jon Bloom, maestro y cofundador de Desiring God, escribió: «A veces, la fidelidad a Dios y a su palabra nos fija un curso donde las circunstancias empeoran, en lugar de mejorar. Es entonces cuando conocer las promesas de Dios y sus caminos es esencial. La fe en la futura gracia de Dios para con nosotros es lo que nos sostiene en esos momentos desesperados»[2].

Estos momentos, esta oscuridad no fueron destinados a desanimarte, sino a fortalecerte. Lo cierto es que Dios suele usar la oscuridad tanto como la visibilidad, si no más.

Ten en cuenta la historia de Pablo. Confinado a la celda de una prisión en el apogeo de su ministerio y su obra misionera, quedó recluido por el resto de sus años, encadenado, aislado y solo. Pablo pasó de ser conocido y visible a estar en un calabozo. Pero desde ese calabozo, desde su lugar de ocultamiento, amó y pastoreó a los creyentes.

También está el apóstol Juan. Al final de su vida fue desterrado a la isla de Patmos, pero mientras estaba ahí recibió de Dios lo que llegó a ser el libro de Apocalipsis. ¡Esa revelación nos habla de la victoria completa de Dios sobre la muerte, su gobierno y su reinado definitivo y su plan para hacernos volver a él por toda la eternidad! Dios eligió revelarle cómo terminaría lo que él había comenzado a un hombre que había perdido toda influencia según los estándares de este mundo.

Ni Pablo ni Juan podrían haber conocido el impacto de sus días cuando Dios los hizo pasar de la visibilidad a la oscuridad.

No sabían que, un día, generación tras generación conocerían la intención de Dios para su propia gloria y por su pueblo por medio de la obediencia de ellos. Simplemente, confiaron en Dios y se mantuvieron fieles donde estaban, ya fuera en público o escondidos.

Dios usó los años ocultos de estos hombres (el tipo de ocultamiento que el mundo describiría como desperdiciado, lleno de un potencial sin explotar y falto de impacto) de maneras inconmensurables, que ellos no podrían haber sabido ni previsto plenamente. ¡Tú y yo somos benditos como consecuencia del fruto de sus años ocultos!

Aceptar el ocultamiento

¿Estás preparado para mantenerte escondido o recibir de buena manera tu ocultamiento si se convierte en una realidad? Ya sea que estés ahora mismo en medio de esa temporada o no, todos en algún momento experimentaremos algún tipo de ocultamiento.

Es fácil creer que para que Dios nos use nuestra trayectoria debe ir de lo pequeño a lo grande, de no reconocido a ampliamente conocido, del anonimato a la fama. Si creemos que los muchos seguidores, los grandes escenarios o los libros que son éxito de ventas son necesarios para una vida impactante, pasaremos nuestros días tratando de salir del anonimato y ponernos en primer plano.

Esto me lleva de nuevo a las preguntas: ¿Qué pasaría si aceptáramos los años ocultos porque nuestra vida está escondida con Cristo? ¿Y si aceptáramos de buena gana estar ocultos tanto como procuramos la visibilidad?

¿Y si Dios está levantando a los líderes que influirán y cambiarán el mundo sin estar en los escenarios más importantes, lejos de las luces que encandilan y sin ayuda de las plataformas de las redes sociales, el contenido viral o las habilidades y los talentos atractivos, porque su vida en Cristo los diferencia? ¿Y si Dios puede realizar todo lo que se propone sin ceder a los algoritmos, sin el mejor peinado o maquillaje, sin los trillones de suscriptores?

Puede que a estas alturas estés pensando: *Ese es un enfoque hermoso, Ruth, pero me desanima tanto cuando no llego a ninguna parte con mis esfuerzos, cuando siento que mi trabajo no se tiene en cuenta, cuando siento que tengo que jugar el juego de las redes sociales para que mi mensaje se conozca en el mundo.*

Amiga, amigo, puede que no lo parezca, pero también le predico esto a mi propio corazón. No se me escapa que estoy compartiendo estos pensamientos en un libro publicado de manera tradicional, que se distribuirá en todo el mundo. O que tengo influencia a través de las redes sociales y las plataformas de Internet que he creado. Lo veo y entiendo la ironía de hablarte de estar en la oscuridad cuando una parte de mi vida es conocida y pública.

Pero no me malinterpretes. No trato de convencerte de que la visibilidad está mal o de que la oscuridad es de algún modo más santa. No estoy animándonos a perdernos las oportunidades que Dios nos da a favor de un «alcance mayor» escurridizo. Simplemente, estoy sugiriendo que, si esperamos que nuestra vida cause un verdadero impacto, en la imagen completa de nuestra existencia *y* en cómo administramos los ritmos cotidianos de nuestra vida diaria hay lugar tanto para la visibilidad como para la oscuridad.

Estas son algunas de las preguntas que suelo hacerme y que podrían ayudarte a ti también:

1. ¿Desarrollo intencionadamente los lugares ocultos de mi vida tanto como desarrollo los lugares públicos?
2. ¿Adoro en secreto a través de la oración y el estudio de la Palabra o solo adoro en público?
3. ¿Invierto tiempo en cuidar mi alma o solo cuido mi cuerpo físico?

Debemos ver el ocultamiento y la visibilidad como Dios los ve: igual de fructíferos en las manos competentes del Dios que no necesita recursos humanos ni movimientos ingeniosos para realizar su obra. Dios tiene la potestad de usar la oscuridad en el proceso de levantar líderes, voces influyentes y grandes hombres y mujeres de Dios, pero también puede emplear, con el mismo propósito, la obra fiel y silenciosa de seguidores de Cristo cuyos nombres nunca conoceremos mientras estemos de este lado del cielo. Ya que Dios lleva a cabo su voluntad tanto a través de lo visible como de lo invisible, necesitamos un cambio de paradigma en cuanto a nuestra manera de ver y de aceptar los años escondidos de nuestra vida.

Haz un inventario

Dios puede (y de hecho lo hace) cambiar el mundo a través de los lugares que parecen estar escondidos, como nuestra sala de estar, las cafeterías del barrio o la mesa de nuestra cocina. Lugares donde el campo misionero viene a nosotros cuando nuestros amigos, hijos, vecinos y aquellos que sufren se acercan y toman una silla.

Lo veo en la mesa de mi propia cocina. La mesa de mi cocina está mucho menos desorganizada estos días de lo que estuvo alguna vez, y tenemos más conversaciones sin interrupciones ahora que los chicos son mayores, pero cuando repaso los últimos veinte años de maternidad, me impresiona cuánta influencia he tenido en el lugar escondido de mi hogar. Me abruma la influencia que Dios me ha dado sobre las personas en mi vida cotidiana en la medida que he aprendido a buscar el perdón, ser modelo de valentía, optar por la alegría y aplicar el evangelio a las situaciones caóticas de la vida.

Podemos ver el desarrollo de este mismo obrar silencioso en la vida de las mujeres que son parte de mi comunidad GraceLaced Collective. Está en el hogar de Trina mientras cuida fielmente a su esposo, quien quedó con parálisis desde la parte superior del pecho hacia abajo luego de un accidente automovilístico, y confía en el refugio del consuelo de Dios cada vez que se cansa. O en el escritorio de Lisa, donde guarda una gaveta cada vez más abultada de calcomanías, cinta washi y tarjetas para enviar notas alentadoras a las personas por las que se siente llamada a orar. Cada uno puede ser un fiel mayordomo de lo que Dios nos pone adelante, independientemente de lo pequeño o discreto que parezca ser el trabajo. Nuestras historias pueden ser todas diferentes, pero todos vivimos alguna forma de ocultamiento, alguna clase de circunstancia que todavía no es maravillosa en la vida. Y todos sabemos cómo es trabajar sin aplausos, premios ni aprobación. Dios obra en nuestra oscuridad, así como obra en nuestra visibilidad.

Dios obra en nuestra oscuridad, así como obra en nuestra visibilidad.

Si haces un inventario y prestas atención, tal vez descubras que —incluso en los momentos más escondidos, ninguneados, aislados y al parecer improductivos de tu vida— has recibido grandes oportunidades para hacer la obra de Dios de maneras que la gente nunca conocerá leyendo su sección de noticias. Los encuentros semanales en una cafetería para discipular a un estudiante secundario. Siendo chofer de tus hijos intencionadamente, con la resolución de hablarles a su vida mientras los llevas de una actividad a la otra. Orando por las necesidades de tu comunidad y dándoles un seguimiento a esos motivos de oración a través de llamadas telefónicas y mensajes de texto. Estoy segura de que has tenido más oportunidades de las que crees. Son pequeños escenarios que tienen un impacto duradero en las generaciones venideras.

Quizás me lo pregunto a mí misma y, a la vez, te lo pregunto a ti: ¿estamos preparadas para declarar como en Isaías 6:8: «Envíame a mí» aunque Dios nos envíe al anonimato o a los años ocultos? ¿La actitud de nuestro corazón está rendida a los lugares y a las temporadas que él pueda elegir para nosotros?

Mientras otros se esfuerzan frenéticamente por ser vistos, como si la visibilidad fuera a salvarlos, seamos de aquellos que corren libremente a estar escondidos en Cristo. Te invito a aceptar el ocultamiento, cualquiera sea la manera en que Dios te llame a él. Nosotros, la iglesia, el cuerpo de Cristo, servimos al Dios que siempre ha hecho (y siempre hará) lo que él decide hacer, a su manera y conforme a su tiempo. Seamos de aquellos que declaran: «Sea cual sea tu voluntad, Señor (la escondida, la desapercibida, la no celebrada), úsala totalmente para tu gloria y para nuestro bien».

VERDAD A LA QUE AFERRARSE

Escondido no significa olvidado por Dios.

UNA LITURGIA PARA CUANDO TE SIENTES INVISIBLE

En un mundo que clama ser visto,
ser conocido y ser amado por todos,
son ilimitadas las formas en que puedo hacerme
más grande, más fuerte o más reconocido.
Señor, confieso que me atrae ser
más reconocido, más valorado, más querido.
Pero tú, Dios, me creaste para ti,
para que te conozca y sea conocida por ti,
para que lleve tu imagen.
No para las plataformas, los escenarios, el aplauso o los elogios.
Fui hecha en secreto,
pero tú me formaste y me conoces en lo íntimo.
Mientras el mundo mira las apariencias, los logros y los premios,
tú miras el corazón.
Quizás otros pasen por alto mis esfuerzos,
pero tú eres El-Roi, el Dios que me ve.
Mi verdadero yo.
Mi yo desordenado.
El yo que no siempre me gusta.
Tú me dices que me ves, me conoces y me amas.
Esconderme bajo el refugio de tus alas
no es oscuridad, sino seguridad.
Escondido no significa olvidado,
porque eres el Dios que conoce todo y que ve todo
«Roca Eterna, partida por mí, déjame esconderme en Ti».
Amén.

Capítulo 4

No hace falta florecer para crecer

Al parecer, en realidad no soy una persona de invierno. Cada invierno, sin falta, empiezo a cuestionarme todo en la vida, incluso, mi propósito, mi lugar y mis capacidades. Vivo en una región donde se ve nieve al menos seis meses al año. Hay algo en los días cortos y gélidos del invierno que me reduce la vista. Tengo una necesidad desesperada de que mi familia me recuerde de manera constante que la nieve proporciona la humedad para los veranos de flores silvestres para los que vivo.

Hace varios años que vivimos en las montañas de Colorado. Sí, yo sabía de las nevadas que hay aquí, pero el invierno (los meses y meses de frío, la nieve amontonada y el largo paréntesis de las flores y las hojas que amo) no es mi estación favorita.

En el invierno estoy convencida de que la primavera nunca llegará y la helada implacable durará para siempre. En el invierno imagino que todo, incluso todas las formas de crecimiento, está suspendido y congelado en el tiempo.

¿Tiene que durar tanto? ¿En realidad necesitamos tanta nieve? ¿En realidad es necesario el invierno? ¡Me parece una pérdida de tiempo!

Es posible que te hagas el mismo tipo de preguntas sobre la temporada que estás viviendo: *¿Tiene que durar tanto tiempo? ¿En realidad necesito esta circunstancia? ¿Es necesaria? ¿Estoy perdiendo el tiempo?*

A veces, las limitaciones impuestas por una temporada particular surgen de algo más que un inconveniente o una falta de oportunidad. A veces, las limitaciones son causadas por una pérdida o por la angustia. No hay nada como un diagnóstico difícil, una pérdida inesperada o un cambio de planes no deseado para sepultarte en el silencio de una temporada dolorosamente amarga.

Nuestra familia ha soportado temporadas como esas.

He compartido que fuimos parte de la fundación de una escuela en una temporada distinta de nuestra vida. Este ministerio fue profundamente significativo para mi esposo, Troy, quien no solo se entregó de lleno como fundador, sino también como director de la escuela durante siete años. Para él, no era solo una escuela: era un ministerio. Fue un lugar construido sobre una visión, largas horas con amigos íntimos y colegas, años de investigación, oración y planeación pensando en el legado. Fue un lugar donde intentó discipular a la próxima generación a través de su propio amor por la educación y el aprendizaje. Y, en muchos sentidos, tuvo éxito porque hizo realidad su visión.

Pero luego vino la temporada del suelo más duro. El agotamiento y la soledad del liderazgo chocaron con conflictos inesperados, dolor y discrepancias con las personas en las que Troy más había confiado, lo que llevó a la finalización de su contribución con un sueño en el que había invertido a fondo. Esta encrucijada compleja y llena de angustias marcó el inicio de una de las épocas más dolorosas y confusas de nuestra vida.

Visto de afuera, pareció que mantuvimos la paz, aceptamos las diferencias y optamos por separar nuestros caminos. Pero, internamente, se sintió como un fracaso. Lloramos la muerte de un sueño. La experiencia educativa que habíamos creado en parte para nuestros propios hijos ya no era de ellos; las amistades en las que habíamos invertido se habían roto y, de pronto, sentíamos que la década que nos costó sangre, sudor y lágrimas fue malgastada.

El hombre que yo amaba estaba de duelo por la pérdida del propósito al cual se sentía llamado; un propósito que ya no era posible, al menos no como él había esperado. Nuestra familia se tambaleaba en privado por el dolor. No queríamos recibir más atención ni dolor por la situación. Nos sentimos enviados al banco, desarraigados, descartados y olvidados. No podíamos imaginar qué podría venir en la siguiente temporada, cuando todo lo que pensamos que deseábamos estaba vinculado a la temporada anterior de nuestra vida.

Lo único que podíamos ver eran las limitaciones, la pérdida y los proyectos de vida a los que estábamos seguros Dios nos había llamado. ¿En realidad no eran para nosotros? Fue muy difícil encontrarle sentido al tiempo presente en aquella temporada porque habíamos esperado mucho más.

Hicimos la misma pregunta que muchos nos hacemos cuando nos sentimos derrotados y sin propósito: «¿Es necesaria esta temporada en la que estamos?».

Siembra lo que quieres cultivar

Con el tiempo, Dios respondió las preguntas que tenía nuestra familia sobre esa temporada inesperada, no deseada y, al parecer, infructuosa mediante las palabras del apóstol Pablo en su carta a los Gálatas: «Así que no nos cansemos de hacer el bien. A su debido tiempo, cosecharemos numerosas bendiciones si no nos damos por vencidos» (Gálatas 6:9).

Quiero detenerme un minuto y darte el contexto de esta promesa de la Palabra de Dios. Somos propensos a amar este tipo de versículos motivadores como recordatorios independientes de la fidelidad de Dios, pero hay mucho más que podemos recibir si analizamos más de cerca por qué Pablo escribió estas palabras.

Verás, Pablo estaba cerrando su carta a los Gálatas a estas alturas del capítulo 6, luego de explicarles en detalle la naturaleza de su salvación (por fe y no por obras) para que no vivieran bajo la carga de la ley innecesariamente. Ya les había recordado la libertad que tenían en Cristo y que solo podían dar fruto si caminaban en el Espíritu. Entonces, al final de la carta, Pablo siguió con la imagen de dar fruto y usó términos estacionales: *sembrar* y *cosechar*.

Veamos los versículos anteriores:

> No se dejen engañar: nadie puede burlarse de la justicia de Dios. Siempre se cosecha lo que se siembra. Los que viven solo para satisfacer los deseos de su propia naturaleza pecaminosa cosecharán, de esa naturaleza, destrucción y muerte; pero los que viven para agradar al Espíritu, del Espíritu, cosecharán vida eterna. (Gálatas 6:7-8)

¿Qué tiene que ver este pasaje con las temporadas no deseadas?, quizás te estés preguntando. Es un recordatorio y una advertencia de que, si bien siempre puedes cosechar ahí mismo donde estás, debes elegir qué vas a sembrar.

Pablo estaba diciéndoles a los Gálatas: «Ya que no son salvos por sus buenas obras, sino por su fe en Cristo (¡eso es lo que los hace libres!), vivan con la temporada de cosechas en mente. Planten ahora las semillas que se convertirán en el fruto que anhelan cosechar. Ahora no pueden ver lo que se cosechará, pero pueden estar seguros de que, si siembran semillas mundanas, estas se convertirán en un fruto mundano; si siembran semillas eternas, se transformarán en un fruto eterno».

En la temporada no deseada e infructuosa de nuestra familia, teníamos una opción: sembrar semillas de amargura, dudas y desesperanza u optar por sembrar semillas de fe, obediencia y confianza. Elegimos lo segundo y lo hicimos lo mejor que pudimos.

Algunos días fueron de suplicar alegría, algunos días fueron de autodisciplina para dejar de recordar una y mil veces las heridas. Aprendimos a sembrar semillas de perdón, amor y esperanza en el Dios en quien creíamos que obraría todas las cosas para nuestro bien (aun con nuestros miedos y dudas).

Confía en el proceso

No pienses ni por un minuto que, de algún modo, esto es fácil o que dará fruto en seguida. En nuestra situación familiar, no sembramos semillas de perdón y de inmediato empezamos a sentirnos en paz con todo el dolor que habíamos sufrido. A veces, sembramos lo que esperamos cosechar, pero parece no ser productivo.

No podemos ver los resultados que esperamos, al menos, no de inmediato. Es durante esos momentos cuando tenemos que confiar en que Dios hará la obra en nosotros.

¿Has observado cómo Pablo, en su instrucción a los Gálatas, señaló que en la jardinería puedes preparar la tierra y plantar una semilla, pero, llegado el momento, debes confiar en el proceso? Desde luego, todo buen jardinero riega, cuida y poda después de plantar, pero una vez que la semilla está plantada, el jardinero no tiene la capacidad física de garantizar que la semilla crecerá hasta convertirse en una planta madura. El crecimiento es la obra (la misteriosa obra) de nuestro Creador, Dios.

Y así también lo son nuestras temporadas de todavía no. Temporadas en las que esperamos las flores. Temporadas en las que el fruto todavía no está en la vid. Temporadas en las que todas las cosas aún no fueron hechas hermosas. En estas temporadas, somos llamados a seguir sembrando con la cosecha en mente, según el Espíritu, aunque todavía no podamos ver lo que esperamos.

Los álamos que hay al otro lado de la ventana de mi oficina parecen cualquier cosa menos prometedores, hasta que despliegan sus primeras hojas en la primavera. Mi cantero parece completamente muerto hasta que se derrite la nieve y los primeros bulbos (¡de azafranes y narcisos!) asoman.

Es difícil saber que una experiencia, una serie de circunstancias o el tiempo que has invertido no fue desperdiciado, a menos que decidas confiar en el trabajo de transformación que no puedes ni ver ni controlar tú solo. Cuando confías en que la obra se está haciendo, dejas de creer que tus temporadas no deseadas son temporadas desaprovechadas.

Con el tiempo, lo que llegó para la familia Simons en realidad se sintió como la primavera, un nuevo comienzo. Todo en lo que se ha convertido la empresa GraceLaced Co. nació del dolor de esa temporada y surgió de la necesidad de mantener a mi familia cuando mi esposo tenía la desesperada necesidad de descansar. Ya que Troy y yo habíamos ministrado, trabajado y creado juntos antes, esto fue un giro inesperado en nuestra historia pero también una ampliación de lo que siempre nos habíamos propuesto: administrar cada uno de nuestros dones para la gloria de Dios y para el impacto del reino. Solo que nunca esperé ser yo quien estuviera en el centro de la atención.

Ahora, muchos años después, hemos escrito juntos un libro de discipulado familiar, hemos conducido un pódcast para animar a los padres, hemos lanzado al mundo dos cachorros humanos y hemos comenzado iniciativas educativas y ministeriales a nivel local fundamentadas en el mismo sentir que teníamos en la temporada anterior de nuestra vida. Y, juntos, seguimos poniéndole el hombro a la obra gratificante de GraceLaced Co.: yo en el timón y Troy pastoreando y supervisando el funcionamiento. Esta empresa impulsada por el ministerio surgió como resultado de las limitaciones y las carencias que sufrimos durante una temporada no deseada. En aquel momento, no podíamos ver más allá. Pero Dios sabía.

No podemos simplemente medir el éxito de nuestra temporada presente sin tener en cuenta los planes de Dios que todavía no nos fueron revelados por completo. No podemos socavar el crecimiento que está sucediendo porque no percibimos el fruto visible. En un mundo que sube a las plataformas a los inexpertos y parece legitimar las historias sensacionalistas del éxito súbito, debemos recordar que, a pesar de la sensación que nos cause, el crecimiento lento sigue siendo crecimiento.

¿Necesitas más pruebas?

A los veinte años, a Oprah Winfrey la despidieron de su primer trabajo. Algunos relatos cuentan que, a los treinta, Martha Stewart era corredora de bolsa. A los treinta años de edad, Harrison Ford era carpintero. A los veintiocho, J. K. Rowling era una madre soltera deprimida que dependía de la asistencia social, no podía pagar su alquiler y estaba tocando fondo. Al parecer, terminó de escribir *Harry Potter y la piedra filosofal* a los treinta años, y lo rechazaron trece veces antes de publicarlo. Ya entiendes la idea: el progreso lleva tiempo.

A pesar de la sensación que nos cause, el crecimiento lento sigue siendo crecimiento.

La Biblia está llena de relatos de personas que transitaron temporadas de limitaciones mucho antes de conocer temporadas de productividad. Quizás, el relato más detallado de este tipo de historias es la evolución de la vida de José en el Antiguo Testamento.

José era el segundo más joven de los doce hijos de Jacob y el favorito de su padre. Por envidia, y a pesar de que José afirmaba que contaba con el favor de Dios, sus hermanos mayores lo vendieron como esclavo. Hecho que con el tiempo lo llevó a la casa de Potifar, en Egipto. En la casa de Potifar, José vivió un favoritismo inesperado debido a su éxito notable. Pero también allí José fue inmerecidamente encarcelado por resistirse a las insinuaciones de la esposa de Potifar. ¡Lo difamaron y le tendieron una trampa por hacer lo correcto! Finalmente, por medio de una serie de sucesos dispuestos por Dios, José fue liberado y recibió un cargo de influencia en el reino egipcio: el segundo al mando después del Faraón. De más está decir que, en el transcurso de su vida, José conoció temporadas de traiciones, temporadas de éxito, temporadas de prosperidad en los dones que Dios le dio y temporadas en las que su vida parecía desperdiciada y olvidada.

José pasaría veintidós largos años preguntándose cómo encajaba cada una de esas temporadas o qué sentido tenían, antes de que una hambruna llevara a sus hermanos a Egipto en busca de granos, donde ellos al fin descubrirían que su hermano olvidado ahora estaba a cargo de todo el país.

José pasó veintidós años recordando las promesas de Dios, aun cuando no sabía cómo terminaría su historia. Temporada tras temporada de haber confiado en Dios lo llevaron a decirles a sus hermanos al final: «Ustedes se propusieron hacerme mal, pero Dios dispuso todo para bien. Él me puso en este cargo para que yo pudiera salvar la vida de muchas personas» (Génesis 50:20). En efecto, Dios tenía un propósito para esas temporadas que no parecían justas y que no tenían sentido para José.

No desperdicies tu temporada

Dios no desperdicia la temporada en la que estamos. Pero nosotros sí lo hacemos a veces. La pregunta es: ¿cómo podemos no desperdiciar la temporada actual, cuando estamos tan ansiosos por ver el fruto en nuestra vida?

Bueno, quizás comencemos preguntándonos: *¿De qué maneras puedo estar desperdiciando mi temporada?* Estas son algunas de las maneras en las que caigo por costumbre:

- Huir en mi mente hasta que vea circunstancias nuevas
- Usar el tiempo para anestesiar mi dolor y mi decepción
- Distanciarme de Dios porque no sé cómo hablar con él de mis frustraciones
- Avergonzarme de mí misma por no ser más feliz
- Forzar y fabricar un florecimiento que no durará
- No sembrar pensando en la cosecha

Es fácil caer en estos comportamientos por costumbre, sin darnos cuenta de que estamos haciéndolo. No creo que nadie se proponga desperdiciar la temporada en la que está. En todo caso, creo que simplemente caemos en un punto muerto, esperando que algo cambie mientras nos sentimos trabados en nuestra falta de fructificación. Me sorprendo a mí misma cayendo por costumbre en maneras ineficientes de pensar y de actuar más de lo que me gustaría reconocer.

El otro día, me sentí vencida por el ajetreo de mi temporada actual, el cual originó que se vinieran abajo algunos de los ritmos sanos de mi vida, como: el tiempo que paso en la Palabra, el ejercicio físico y el descanso suficiente. Pude ver cómo mi actual falta de cuidado personal y de autodisciplina me hacían sentir improductiva... incluso como si estuviera empezando a marchitarme. ¿Adivina qué opté por hacer en respuesta? Me dediqué a ver videos en Instagram, ¡por supuesto! Todos sabemos lo útil que es eso. Me evadí y caí por costumbre en el adormecimiento, en lugar de elegir sembrar intencionadamente. (Y, a la vez, terminé sembrando sin querer... sin eficiencia).

Entonces, ¿cómo evitamos hacerlo? El Salmo 1:1-3 (NVI) aporta ideas sobre cómo no desperdiciar nuestra temporada:

> Dichoso es quien
> no sigue el consejo de los malvados,
> ni se detiene en la senda de los pecadores,
> ni se sienta en la reunión de los burladores,
> sino que en la Ley del Señor se deleita
> y día y noche medita en ella.
> Es como el árbol plantado a la orilla de un río
> que, cuando llega su tiempo, da fruto
> y sus hojas jamás se marchitan.
> Todo cuanto hace prospera.

El salmista comparó y contrastó las características de un árbol sano y fructífero dentro y fuera de temporada. La postura de ser «dichoso» (v. 1), traducida de la palabra hebrea *esher* (que significa «corrección» o «rectitud» en la senda), se refiere a estar alineado con los caminos de Dios, en lugar de los caminos del mundo. Es quedarse y permanecer con Dios. Un árbol plantado junto a un arroyo siempre está conectado a su fuente. Recibe el continuo abastecimiento de lo que necesita, más allá de cuál sea la temporada en la que esté. Eso no quiere decir que el árbol esté lleno de hojas ni completamente florecido todo el tiempo, sino que seguirá vivo. Por el contrario, un árbol que se desconecta de los nutrientes y del agua se marchitará, no por causa de una temporada más dura de lo normal, sino porque no tiene raíces profundas en una fuente que lo ayude a aguantar todas las temporadas.

Aquí el énfasis no es *cuándo* el árbol dará su fruto, sino la preparación necesaria que asegurará que produzca fruto en algún momento. La idea es que el árbol *será* fructífero a su debido tiempo, cuando decida estar profundamente arraigado desde la base. Tenemos la oportunidad de elegir si nos mantendremos y estaremos cerca de la fuente de la Palabra de Dios en los *ya* de nuestra temporada actual, aunque todavía no podamos ver el fruto que esperamos que llegue.

El fruto no es solo el resultado de la temporada en la cual es evidente y manifiesto. El fruto nace del arraigamiento de la planta, temporada tras temporada.

¿Y adivina qué? Nosotros elegimos permanecer arraigados, pero el fruto es la obra del Espíritu (Gálatas 5:22-23). No podemos hacer que el fruto exista por nuestra voluntad.

El pastor y autor Paul David Tripp dio un ejemplo al respecto en su libro *Instrumentos en las manos del Redentor*, en el cual él asemeja nuestra búsqueda de cambio al margen de la transformación en el Espíritu (en la raíz de nuestra vida) como un fruto producido artificialmente para mantener las apariencias:

> Si un árbol produce manzanas malas año tras año, hay algo terriblemente mal en su sistema, que desciende hasta sus mismas raíces. No voy a resolver el problema engrampando manzanas nuevas en las ramas. Estas también se pudrirán, ya que no están conectadas a un sistema de raíz que les dé vida, por lo que en la próxima primavera, tendré el mismo problema de nuevo. No veré una nueva cosecha de manzanas

> sanas, porque mi solución no ha ido al corazón del problema. Si no hay cambios en las raíces del árbol, este nunca producirá manzanas buenas[1].

No podemos precipitar la aparición del fruto para sentirnos o vernos mejor. No podemos ponernos flores fuera de temporada simplemente porque estamos impacientes de que llegue una temporada diferente en nuestra vida.

¿Lo ves? Es posible que una temporada de limitación no defina tu temporada de cosecha, pero sí afectará cómo crecerás. Debes optar por sembrar con intención. No llegaremos a la cosecha *futura* si no sembramos *hoy*.

Acepta tus limitaciones

Las limitaciones vienen en diferentes formas. Quizás tengas que soportar un dolor crónico o restricciones físicas que te impiden hacer todo lo que desearías. O tal vez cuidas a uno de tus padres ancianos y tu habilidad y tus capacidades son limitadas porque otra persona necesita tu atención. O quizás conoces la monotonía de viajar todos los días al trabajo: la planeación y el tiempo que se necesitan para llegar a un empleo presencial o híbrido (en el que ni siquiera todos tus compañeros de trabajo están presentes) para sentarte solo en un escritorio, asistir a juntas por Zoom, volver a luchar con el tránsito al final del día y terminar comiendo tarde una cena de rotisería. Solo para hacer lo mismo otra vez al día siguiente. Al concluir otro día de las mismas tareas, las mismas situaciones estresantes y el mismo lío, no puedes evitar preguntarte: *¿Y si se suponía que debía hacer algo más con mi vida?*

Fueran cuales fueran las causas de nuestras limitaciones, cada día se parece al anterior para muchos de nosotros. Nada parece fructífero en la rutina diaria, se siente como si siempre corriéramos y nunca llegáramos.

Recuerdo que me sentía frustrada por las limitaciones de los años de la crianza, cuando mis hijos eran pequeños y yo, una madre joven. A menudo me sentía limitada en mi habilidad, mi tiempo y en mi capacidad mental y emocional.

Me sentía inspirada para dirigir, crear, escribir, expresar, construir y hacer cosas con las manos. Soñaba con tener una tienda, hacer papelería personalizada y ser emprendedora. Me encantaba aconsejar y discipular a mujeres más jóvenes e imaginaba lo divertido que sería dar talleres, dirigir conferencias y conectarme con mujeres de todo el país. Pero esos años no fueron la temporada para ver todo lo que esperaba en pleno florecimiento.

Me sentía como si curioseara el jardín de mi vecina, preguntándome por qué el mío no podía lucir lleno de flores como el de ella. Imaginaba, al mirar al otro lado de la proverbial línea del cerco, su jardín rebosante de color y flores premiadas, mientras que el mío estaba mustio y casi cubierto por la maleza que había invadido los canteros. Ansiaba con desesperación estar en la temporada floreciente. Mi vida cotidiana, sin duda, no se caracterizaba por nada que yo sintiera floreciente.

Lavaba los platos, preparaba la cena para un vecino anciano y recogía (por enésima vez) los LEGO desparramados en el piso del cuarto de mis hijos. Hubiera preferido estar creando y vendiendo bellas obras de arte o tener conversaciones interesantes con alguien que no fuera un niño pequeño. En mi mente, imaginaba cuán primaveral sería vestirme con ropa bonita y entrar en una oficina preciosa, con mi café de Starbucks en la mano,

No llegaremos a la cosecha futura si no sembramos hoy.

teniendo éxito en mis grandes objetivos. Esa visión dominó mi imaginación como las dalias rosa intenso en septiembre: flores grandes y gloriosas.

Pero había recibido mucho sobre lo que debía ser fiel precisamente en el lugar donde estaba. No hay ni una fórmula ni un gráfico de actividades ni una manera infalible de saber exactamente cómo debemos pasar nuestros días en determinada temporada, pero, en ese momento particular de mi vida, supe Dios no me daba luz verde para hacer que las cosas fueran a mi manera. Tenía que aceptar mis limitaciones.

¿Cómo sabes cuándo necesitas aceptar tus limitaciones, en lugar de trazar un nuevo plan? Estas son algunas de mis líneas comprobadas de autocuestionamiento:

1. ¿Estoy escapándome de lo que Dios ya me ha dado para hacer?
2. ¿Veo una oportunidad o un favor que no requiera ser manipulado ni forzado?
3. ¿Voy a sacrificar mi fidelidad en las áreas que Dios ya me ha dado a administrar si me dedico a más cosas?

Desde luego que con estas preguntas no se puede abarcar todo en una autoevaluación, pero me ayudan a ver con más claridad si estoy forzando el fruto o esperando ver el fruto.

En esa época de espera y deseos, comencé a coleccionar plantas de interior, Algo que sirvió para más que darle vida a mi hogar: me enseñó una lección inesperada. Cuando nos encariñamos con las plantas de interior, inevitablemente, prestamos atención, desaceleramos para observar el crecimiento y aprendemos un par de cosas sobre las temporadas de crecimiento.

Durante una de mis rutinas de cuidado de las plantas, noté cuánto había crecido mi limonero Meyer de interior en su maceta. De pronto, tenía toda clase de ramas nuevas y tiernas, pequeñas hojitas recientes y verdes esparcidas por toda la planta. Todavía no había ningún azahar, pero sabía que pronto se formarían las flores perfumadas y los frutos llegarían. Anoté las palabras que se formaron en mi cabeza mientras lo regaba y me maravillaba: *No hace falta florecer para crecer.*

Fue muy simple, pero aun ahora sigue siendo cierto y alentador para mí recordarlo: Dios está obrando en nosotros, aun en las temporadas en las que no vemos las flores que anhelamos.

Por lo tanto, no desperdiciemos las temporadas no deseadas o las que, al parecer, no tienen flores. Para hacernos eco de las palabras del autor de Hebreos: «Acerquémonos, pues, a Dios con corazón sincero y con la plena seguridad que da la fe, interiormente purificados de una conciencia culpable y los cuerpos lavados con agua pura. Mantengamos firme la esperanza que profesamos, porque fiel es el que hizo la promesa» (Hebreos 10:22-23, NVI).

Podemos acercarnos, seguir arraigados, mantenernos firmes y afrontar la situación porque el que hizo la promesa es fiel.

VERDAD A LA QUE AFERRARSE

No hace falta florecer para crecer.

UNA LITURGIA PARA CUANDO ESPERAS EL CRECIMIENTO

No soy un Jardinero magistral.
No hago caer la lluvia,
ni que el sol brille,
ni que las semillas germinen.
Perdóname, oh, Señor, cuando confundo el arado en mi mano
con un cetro que te pertenece solo a ti.
Ayúdame a no descartar los comienzos humildes.
Enséñame a ser fiel en las tareas que aparentan ser infructíferas,
en la rutina de todos los días, en el suelo duro de mi vida.
Cuando estoy ansiosa por abreviar mi camino a la fecundidad,
recuérdame cuán dulce es quedarme en la vid,
permanecer en ti.
Apartada de ti, no puedo hacer nada.
Que no pase por alto las tareas que tengo ante mí hoy.
Ayúdame a abandonar mis propias ideas sobre lo que significa ser productiva
y, en cambio, acudir a ti en busca del fruto que solo tú puedes producir.
El fregadero lleno de platos sucios, la carga de ropa para lavar,
las comidas por preparar, el corazón que necesita cuidado.
Tú puedes y usarás cada acto sencillo de fidelidad
para sembrar fecundidad en mi vida.
Ayúdame a administrar lo que me ha sido dado en este día
para que puedas hacerme más semejante a ti,
para que lo que florezca de esta temporada
dependa más de tu fidelidad
y menos de mi fecundidad.
Amén.

Capítulo 5

Algún día está formado por miles de *ya*

En la universidad hice un curso introductorio de pintura que fue el puntapié inicial para lo que se convertiría en un importante giro en mi carrera profesional: de Bioquímica a Bellas Artes (es impactante, lo sé, a menos que leas mi historia en *Cuando dejamos de esforzarnos*)[1]. Nuestra primera tarea consistía en finalizar una pintura original de dos metros con diez centímetros por dos metros con setenta centímetros, la obra de arte más grande que me habían encargado en mi vida. Supuse que me llevaría una o dos semanas, pero me equivoqué por completo. Estaba previsto que esta tarea nos exigiría lo que para mí fue una eternidad (es probable que hayan sido unas seis semanas, más o menos... pero han pasado casi treinta años, así que no pueden pedirme que sea exacta con los períodos de tiempo). No tardé en darme cuenta del porqué de aquel plazo.

Para realizar este encargo, primero tuve que aprender cómo armar mi propio lienzo. Ese esfuerzo fue más o menos así:

1. Construir el marco del lienzo usando una sierra de corte y tablas de pino tratado, clavitos y abrazaderas de esquinas.
2. Usar pinzas para estirar el lienzo, una engrampadora y metros y más metros de lienzo de buena calidad, estirar con suavidad y tersura el lienzo sobre el marco.
3. Cepillar y luego aplicar yeso con una espátula sobre la superficie en crudo del lienzo y dejar secar.

Entre juntar los insumos, crear el producto terminado y esperar que secara el yeso, todo este proceso demoró días en completarse. Una vez que la preparación del lienzo quedó por fin lista, pude iniciar el camino de varias semanas para crear una pintura original.

Este trabajo en particular requirió de una pintura de base (pintar en escala de grises usando pintura negra y blanca), antes de añadir cualquier color a las nuevas capas. Esto fue para enseñarnos a incorporar el contraste de luz y de oscuridad en la base de nuestra pintura, aunque recuerdo que me pareció sumamente tedioso pintar una capa entera que no sería visible. *¡Ya déjenme llegar a la pintura de verdad!*

Luego de varios días de trabajo en la pintura de base, empezamos a pintar a todo color. Para la nueva capa, se suponía que debíamos pintar algo personal y autobiográfico. La composición debía cubrir toda la superficie de dos metros diez por dos metros setenta centímetros. Teníamos tres semanas para finalizar la pintura. Elegí hacer un autorretrato enmarcado por iconografía e imaginería de mi tradición china-taiwanesa y de mi nacionalidad estadounidense. Era ambicioso, vulnerable y abrumador por su tamaño y su significado.

Al cabo de las tres semanas, logré componer un cuadro significativo y cubrir toda la superficie del lienzo estirado con pinceladas de pintura. Para mí, estaba completo, excepto cuando me acercaba al lienzo. La pintura era delgada en algunas partes. La textura del lienzo se asomaba, dejando ver capas de pintura no del todo acabadas en la superficie. Aunque parecía terminada, mirando atrás, cualquier maestro de pintura la hubiera considerado apenas incipiente. Y hubiera tenido razón. En esa época, los iPhones todavía no existían, así que no, no le saqué una foto a este cuadro (muy a mi pesar). Pero desearía haberlo hecho porque... justo cuando creía que la tarea estaba terminada, nuestro profesor explicó que todavía faltaba una etapa más por realizar: girar la pintura noventa grados y componer una pintura nueva, cubriendo otra vez toda la superficie con una capa nueva de pintura.

No tienes que ser pintor para imaginar lo doloroso que fue este ejercicio. Tapar lo que tanto trabajo había costado hacer. Volver a hacer todo de nuevo.

Después de unas semanas más, presenté mi flamante cuadro de muchas capas a la clase. Era una pintura inspirada en una fotografía de la infancia, en la que estábamos mi hermano y yo jugando junto a un arroyo, y mi madre cerca. Tenía sentimientos contradictorios sobre mi familia, mi identidad y algunos recuerdos de mi niñez. Mi composición era pacífica y agradable a primera vista pero un poco inquietante e inconclusa cuando te detenías en ella.

Un ojo de la capa del primer autorretrato del lienzo había quedado en parte a la vista. Algunas volutas de pinceladas formaban la figura de mi padre, pintado en la parte de atrás de la escena, lo que dejaba al descubierto mi añoranza de su presencia más intencional en mi vida. Las capas de pintura seca y las pinceladas debajo de la capa más reciente culminaban en una escena que insinuaba un mapa topográfico de mi recorrido como joven adulta hasta ahí. Era hermosa de una manera rara e imprevista. No era lo que había planeado ni lo que yo hubiera creado en un principio, pero las capas inferiores dieron forma a la capa que iba a surgir.

Además, después de horas y horas, de semanas y semanas, mis habilidades como pintora mejoraron y se desarrollaron bastante respecto del primer día en el que luché por estirar el lienzo. A pesar de la expectativa que tenía de producir una obra terminada en mi primer intento, la pintura final, después de semanas, capas y práctica, resultó ser más de lo que podría haber imaginado antes de emprender el recorrido que me llevó hasta ahí.

Fue la primera vez que experimenté visualmente lo que algunos dicen que Homero plasmó literalmente: «El viaje es el destino»[2]. Mi profesor de Arte de la facultad nos enseñó dos principios importantes a través de esa primera tarea en la clase de pintura al óleo y acrílica:

1. La práctica hace al maestro.
2. Cada paso de un viaje es parte de la historia final.

Quiero que este libro te sirva como a mí me sirvió el curso de pintura. Anhelo que perseveremos en todas las circunstancias no deseadas y en las temporadas presentes para aprovechar al máximo el lugar donde estamos hoy. Quiero que aprovechemos este día y tomemos la decisión de hacer que esta página de nuestra historia (esta capa de pintura) valga la pena.

Pero, si soy sincera, y a pesar de que sean los deseos profundos de mi corazón, esta mañana me desperté sin nada de motivación, deseando poder quedarme en la cama en lugar de hacer frente a mis oportunidades y responsabilidades. Soy una obra en proceso, ¡por favor, no cedas a la tentación de pensar otra cosa! Vivir cada día al máximo suena inspirador y emocionante, hasta que nos topamos con la falta de avance y la sensación de que la meta está lejos. No es difícil estar motivado, ser constante o fiel cuando los resultados confirman lo que hacemos. Es la naturaleza de la rutina diaria y los cuestionamientos propios sobre si en realidad estamos llegando a algún lado lo que puede desgastar nuestra motivación.

Si yo pudiera hacer un esfuerzo ver resultados de inmediato, es probable que ¡estuviera en todo, todo el tiempo! Haría ejercicio físico sin cesar, comería con sensatez, nunca sería un esfuerzo estudiar mi Biblia semana tras semana. Pero la vida no funciona así.

Por eso, cuando la motivación es baja en el contexto de nuestra cultura a gran velocidad, que tiene la mirada puesta en los ricos y famosos, que se esmera por hacer contactos sociales y lleva como lema el «haz que suceda», las siguientes preguntas amenazan a nuestras aplicaciones organizativas y nuestras agendas codificadas por colores:

¿En realidad importa cómo uso mi día?

¿Qué pasa si estoy desmotivada para hacer cualquiera de las cosas que se supone debo hacer?

¿Cómo afectan en realidad los momentos al parecer insignificantes de nuestra vida cotidiana a nuestro yo futuro?

Se necesita entrenamiento

Hace muchos años, leí este ingenioso comentario de G. K. Chesterton y me quedó grabado desde entonces: «No puedes dejarte crecer la barba en un momento de pasión»[3]. Y es cierto, ¿no? Físicamente, no puedes dejarte crecer una barba abundante en una mañana, solo porque te gusta verte distinguido. Como madre de seis varones jóvenes, puedo añadir: un joven que ronda los veinte años todavía no puede tener una barba como la de su padre, quien tiene cincuenta. Todavía no está desarrollado por completo; aún tiene que crecer y madurar.

El concepto de Chesterton no tiene tanto que ver con las barbas, sino con el hecho de que la pasión por sí sola no puede producir lo que sí lograrán el tiempo y la intención. Es difícil aceptar esta realidad cuando vivimos en un mundo de gratificación instantánea. Puedes conseguir uñas largas y artificiales después de un turno en un salón de belleza. Puedes tener el cabello largo y encantador después de una sola visita para que te pongan extensiones. Puedes transformarte de morena a rubia en una tarde. Puedes lucir bronceada en un instante con atomizador autobronceante.

Pero no puedes volverte concertista en una tarde. No puedes aprender mecánica cuántica en un instante porque así lo deseas. No puedes correr una maratón de la nada, sin entrenar para ello. (Quiero decir, si puedes, ¡felicidades!). No puedes volverte una eminencia sin tener experiencia de verdad, ni adquirir sabiduría sin poner a prueba el conocimiento a lo largo del tiempo; tampoco puedes ser constante si no tienes oportunidades para seguir el camino trazado una y otra vez.

El mito del éxito inmediato es una mentira que nos vendieron los gurúes esperando convencernos de que ellos tienen la fórmula para los resultados acelerados, sin que hagamos todo el esfuerzo que normalmente se necesitaría para lograrlo.

Es posible que hayas escuchado sobre la «regla de las diez mil horas», popularizada en el libro de Malcom Gladwell, *Fuera de serie*[4]. La idea es que una persona necesita un promedio de diez mil horas de práctica para lograr el dominio de un tema o un talento. Gladwell les demostró a los lectores que la determinación, la tenacidad y el trabajo arduo de la repetición eran el verdadero secreto para el éxito.

En su libro *Grit*, Angela Duckworth llegó a una conclusión similar. Postuló que la característica distintiva de las personas que han tenido éxito y han triunfado no es su coeficiente intelectual, sino más bien su persistencia y disposición a seguir esforzándose en algo[5]. Ambos autores argumentan convincentemente a favor de la práctica.

La práctica es a la vez prometedora y prescriptiva para cualquiera que desee llegar a dominar algo.

En los años que transcurrieron desde que el libro de Gladwell se popularizó, sin embargo, el investigador que recopiló los datos de los que Gladwell extrajo sus ideas ha sugerido que se puede cosechar más del estudio que la simple motivación para practicar y priorizar la repetición. El investigador afirmó que las diez mil horas de practicar una habilidad con diligencia no aseguran poder dominar la habilidad. Antes bien, es necesario tener además un instructor maestro que le enseñe al alumno cómo alcanzar su meta o su destino. La propia superioridad del instructor en la tarea y su capacidad para enseñar son las variables clave. Es la diferencia entre diez mil horas de práctica y diez mil horas de práctica eficaz. Ya que alguien que ha practicado diez mil horas «podría ser superado por alguien que practicó menos, pero tuvo un maestro que le enseñó en qué enfocarse en el momento clave de su práctica (régimen)»[6].

Un momento, ¿no depende por completo de *nuestra* capacidad de mantener la constancia y de trabajar con ahínco? ¿Necesitamos de alguien más, aparte de nosotros mismos, que

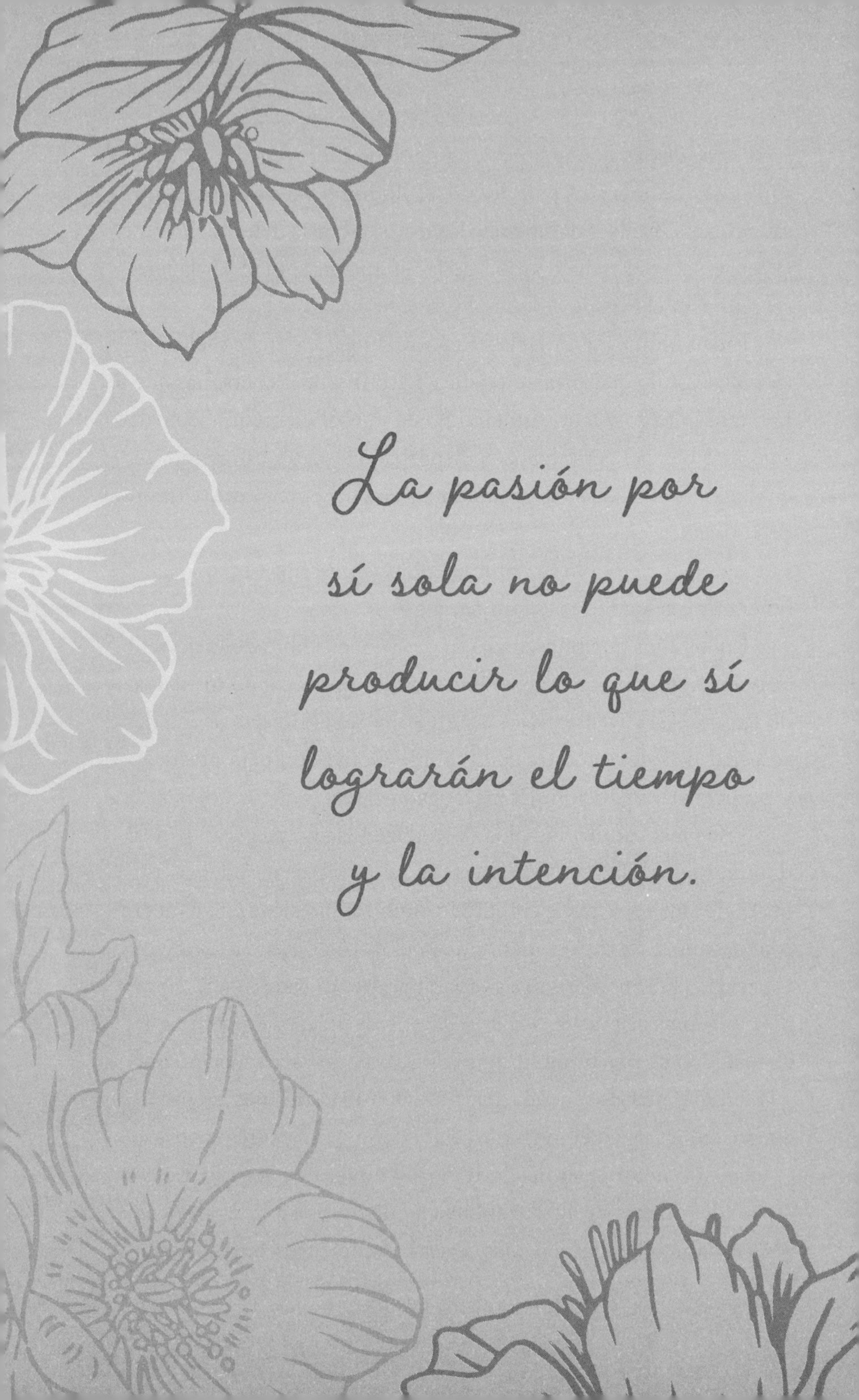

La pasión por
sí sola no puede
producir lo que sí
lograrán el tiempo
y la intención.

nos ayude a aprender cómo utilizar nuestros talentos y habilidades y a pulirlos hasta que sean fecundos?

Me suena conocido.

Lucas 6:40 menciona: «Los alumnos no son superiores a su maestro, pero el alumno que complete su entrenamiento se volverá como su maestro». ¿No es esto el núcleo de la esperanza de nuestro evangelio? ¿Que necesitamos un Salvador? ¿Que no somos los amos de nuestro propio destino?

Aunque nos encantaría creer que la vida que anhelamos tener algún día (sentirnos realizados con nuestra familia, en nuestra profesión, con nuestros amigos o en el otro extremo de la adversidad) nos espera, simplemente, si le dedicamos tiempo, la Biblia insinúa lo opuesto.

La Palabra de Dios dice que el simple hecho de esforzarnos más nunca nos llevará a donde queremos llegar y que nuestra vida nunca ha sido completamente nuestra para moldearla y

EL MUNDO	EL SEÑOR
Esfuérzate más.	Confía en Dios (Proverbios 3:5-6).
Manifiesta tus metas y tu destino.	Todo lo bueno viene de Dios (Santiago 1:17).
Determina el camino de tu vida.	Dios determina nuestros pasos (Proverbios 16:9).
Consigue lo que deseas poniéndote en primer lugar.	Dios da gracia a los humildes (Santiago 4:6).

EL MUNDO	EL SEÑOR
El éxito iguala al logro.	El éxito es ser fiel todos los días (Colosenses 3:23).
La vida es corta; vive para ti mismo.	La vida es corta; vive para Dios (Romanos 14:8).
Vive para el placer del momento	Vive para la esperanza de la eternidad (1 Pedro 1:3).
Tu vida te pertenece.	Tú le perteneces a Dios (1 Corintios 6:19-20).
Todas las cosas se resolverán si crees en ti mismo.	Todas las cosas cooperan de acuerdo con el propósito de Dios para quienes creen en él (Romanos 8:28).
Tienes que mantener estable tu vida.	Dios mantiene unidas todas las cosas (Colosenses 1:17).

manifestarla. Necesitamos un maestro instructor. Y, por supuesto, ese es el Señor.

Mira cómo se compara la fórmula del mundo con la sabiduría de Dios cuando se trata de llegar a donde quieres ir en la vida:

¿Ves lo distintas que son estas dos perspectivas? ¿Cómo se ve y se siente si creemos que todo depende de nosotros? ¿O cómo administraríamos nuestros días si creyéramos en la sabiduría de la Palabra de Dios?

Como creyente, cuando sientes que algún día está muy muy

lejano, el próximo paso siempre te parecerá contrario a la lógica de las fórmulas del mundo para llegar a donde quieres ir. La columna derecha de la tabla (la perspectiva de Dios) no tendrá el más mínimo sentido si no creemos que él es digno de confianza y tiene un propósito o que la meta de esta vida es mayor que vivir para nosotros mismos.

Quiero que prestes atención a algo sobre esa columna izquierda en comparación con la derecha. El premio mayor de la columna izquierda (el mundo) es el placer terrenal, el bien terrenal y el tesoro terrenal. El premio mayor de la columna derecha (el Señor) es la esperanza eterna, el tesoro eterno y la presencia eterna del Señor mismo, incluso ahora. Para el creyente, la vida es una carrera hacia la línea de meta, donde el premio es la gloria de Dios y el reconocimiento de una vida conforme a la fe. Hoy corremos la carrera con los ojos puestos en el premio de ser más consonantes con Cristo, con la certeza de que nuestra realidad final es un día estar con él en gloria.

Por eso, el apóstol Pablo dio testimonio de su máximo tesoro y esperanza cuando se acercaba al final de su vida:

> He peleado la buena batalla, he terminado la carrera, me he mantenido en la fe. Por lo demás me espera la corona de justicia que el Señor, el Juez justo, me otorgará en aquel día; y no solo a mí, sino también a todos los que con amor hayan esperado su venida. (2 Timoteo 4:7-8, NVI)

¿Cómo te preparas para semejante línea de meta? Bueno, Pablo diría que intentándolo cada día como si estuvieras entrenando para la carrera de tu vida:

> ¿No se dan cuenta que en una carrera todos corren, pero solo una persona se lleva el premio? ¡Así que corran para ganar! Todos los atletas se entrenan con disciplina. Lo hacen para ganar un premio que se desvanecerá, pero nosotros lo hacemos por un sueño eterno. Por eso yo corro cada paso con propósito. No solo doy golpes al aire. Disciplino mi cuerpo como lo hace un atleta, lo entreno para que haga lo que debe hacer. De lo contrario, temo que, después de predicarles a otros, yo mismo quede descalificado. (1 Corintios 9:24-27)

No corras como quien corre sin propósito. Esta imagen, puesta en términos atléticos, habrá sido conocida para la audiencia que leía la carta de Pablo. Ellos entendían la importancia de la corona (el premio de honor que engalanaba a los ganadores en la antigüedad) y el contraste que hizo Pablo entre el premio terrenal y el eterno. Así como hoy entendemos que no se puede correr una maratón sin entrenar, Pablo apeló a que sus lectores consideraran la rutina diaria como un entrenamiento. Les pidió que sopesaran si las decisiones que tomaban respecto a su tiempo, sus recursos y su cuerpo reflejaban el entrenamiento de alguien determinado a cruzar la línea de meta con valor.

En nuestro contexto actual, ¿cómo es tener un propósito en lugar de correr sin rumbo fijo? Creo que en parte tiene que ver con reconocer que estamos corriendo en la pista de Dios, una que él diseñó y dispuso adrede para nosotros. Correr con propósito, poner un pie delante del otro cada día, requiere disciplina y confiar en Dios lo suficiente como para seguir obedeciéndolo en el lugar donde estamos.

En la práctica, creo que hay algunas maneras en las que Pablo nos animaría a disciplinarnos a nosotros mismos:

- Capturando todos los pensamientos (2 Corintios 10:5)
- Muriendo al pecado (Romanos 6:11)
- Vistiéndonos de amor (Colosenses 3:14)

Cuando dejemos de pensar en *algún día* como un espejismo de esperanzas y sueños insatisfechos y, en cambio, reconozcamos la verdadera línea de meta de la obra de Dios en y a través de nosotros, empezaremos a ver cada *ahora* como una oportunidad para entrenar para la victoria.

La práctica diaria de realinear nuestro corazón, nuestra mente, manos y pies con la Palabra y los caminos de Dios dejará de parecernos pesada. Al igual que las capas sobre capas de la tarea introductoria de mi curso de pintura, el esfuerzo cotidiano de la práctica y la perseverancia son las capas de nuestro devenir.

El esfuerzo cotidiano de la práctica y la perseverancia son las capas de nuestro devenir.

Practica un modelo nuevo

Esta idea de practicar lo que queremos llegar a ser no solo se aplica a la adquisición de habilidades para sobresalir en algo, sino que también es parte de nuestro camino espiritual. El llamado consistente de los escritores del Nuevo Testamento fue ayudar a los creyentes a establecer un modelo nuevo de vida. Este modelo nuevo ocurre cuando vivimos en el presente a través del proceso de la santificación.

Si *santificación* es una palabra nueva para ti, no te sientas intimidado; simplemente, quiere decir «hacer santo» o «separar». Fuimos creados a la imagen de Dios para reflejar su carácter, para ser parte de su creación que lo imita. Pero el pecado rompió nuestra capacidad y habilidad de reflejar su imagen como debíamos. Y, por más que lo intentemos, no somos capaces de vivir según el diseño de Dios si no somos regenerados o transformados en una «nueva creación» (2 Corintios 5:17, NVI). Cuando nos convertimos en seguidores de Cristo y depositamos nuestra confianza en la obra redentora del Hijo perfecto de Dios, Jesús, emprendemos el camino de regreso al propósito que Dios pretendía para nosotros como creados a su imagen. Esta es la labor progresiva de la santificación a través de la obra del Espíritu en nuestra vida: el proceso y el progreso en el transcurso del tiempo.

Algunos aspectos de la vida como nueva creación son instantáneos. Por ejemplo:

- El perdón de nuestros pecados es instantáneo, desde el momento en que confiamos en Jesús.
- Somos declarados justos en un instante cuando rendimos nuestra superioridad moral y, en su lugar, recibimos la de Cristo.
- Nuestra identidad como hijos e hijas de Dios, no sus enemigos, es instantánea y completamente nuestra cuando nos entregamos a Cristo.

Todas estas cosas son válidas al mismo tiempo para el creyente. Pero ¿crecer en santidad? ¿Abandonar los comportamientos pecaminosos? ¿Llegar a parecernos más a Cristo? Eso ocurre lentamente, progresivamente, día tras día a medida que establecemos modelos nuevos en la forma de pensar y de actuar.

En Romanos 12:2, Pablo nos exhortó: «No se amolden al mundo actual, sino sean transformados mediante la renovación de su mente. Así podrán comprobar cómo es la voluntad de Dios: buena, agradable y perfecta» (NVI). Dejó en claro que renovar nuestra mente con las verdades de la Palabra de Dios, además, reentrenará nuestro corazón y nuestras manos para adecuarnos a un nuevo modelo de vida.

Amigo, amiga, nosotros participamos de la obra de la santificación de Dios en nuestra vida cuando practicamos la obediencia mediante el poder de la obra del Espíritu en nosotros. Ahí es donde entra en escena Santiago 1:22-25 (RVA-2015):

> Pero sean hacedores de la palabra, y no solamente oidores engañándose a ustedes mismos. Porque cuando alguno es oidor de la palabra y no hacedor de ella, este es semejante al hombre que mira su cara natural en un espejo. Se mira a sí mismo y se marcha, y en seguida olvida cómo era. Pero el que presta atención a la perfecta ley de la libertad y persevera en ella sin ser oidor olvidadizo sino hacedor de la obra, este será bienaventurado en lo que hace.

Convertirse en «hacedores de la palabra» se podría asemejar a elegir amar a alguien sumamente difícil de amar en este momento. Podría ser orar en lugar de preocuparse. Tal vez, hacer lo que dice la Palabra de Dios significa privarte de las conductas adictivas y, en cambio, buscar la satisfacción en el Señor. Cada uno de estos ejemplos está en mi lista personal de las maneras de no simplemente oír y creer la Palabra, sino de hacer lo que la Palabra dice. Ninguno de estos actos sucede solo. No adquiero milagrosamente estos hábitos o modelos de vida; debo acudir a la Palabra de Dios, poner en práctica lo que dice y confiar en que Dios cambie mi vida.

Verás, persistir en una acción en el presente, por más pequeño que sea el paso siguiente, es la marca de un creyente que se somete a la obra transformadora de la santificación.

Un día a la vez

Solía leerles las aventuras de *Sapo y Sepo* a mis hijos cuando eran pequeños. Una de las historias se llama «Mañana». En ella, Sepo decide postergar todos sus quehaceres del hogar hasta el día siguiente: «Lo haré mañana —dijo Sepo—. Hoy pasaré el día tranquilo»[7]. Pero, entonces, se da cuenta de que no puede disfrutar el día de hoy porque piensa constantemente en todo lo que tiene que hacer al día siguiente. Por lo tanto, realiza y completa los quehaceres para poder estar tranquilo mañana:

> —Brrr —dijo Sepo—. Me siento deprimido.
>
> —¿Por qué? —preguntó Sapo.
>
> —Pienso en mañana —dijo Sepo—. Pienso en toda la cantidad de cosas que tendré que hacer.
>
> —Sí —dijo Sapo—, mañana será un día agotador para ti.
>
> —Pero, Sapo —dijo Sepo—, si recojo los pantalones y la chaqueta ahora mismo, no tendré que recogerlos mañana, ¿verdad?
>
> —No —dijo Sapo—. No tendrás que hacerlo[8].

Sapo y Sepo deben haber escuchado el famoso proverbio: «Nunca dejas para mañana lo que puedes hacer hoy»[9].

Aunque hay mucha sabiduría en esta lección, mi corazón se pregunta: *¿Y si Sapo estaba equivocado? ¿Acaso no es cierto que por más que hoy lavemos los platos, mañana tendremos que lavar más? ¿Que, aunque perdonemos hoy, mañana también tenemos que perdonar? ¿Que cuando les enseñamos a nuestros hijos pequeños que nos obedezcan hoy, terminamos teniendo que hacer todo de nuevo mañana? ¿Y si pasar el día tranquilo está lejos de convertirse en una realidad? ¿Y si pasar el día tranquilo es el todavía no que nunca llega, sin importar cuántas cosas termine de hacer hoy?*

De repente, entiendes por qué tantos viven para sus próximas vacaciones, el próximo ascenso, más premios, un sueldo más grande o alguna otra forma de remuneración tangible para mantenerse comprometidos o consistentes *ahora*. Las recompensas como la comodidad, la posición social, el reconocimiento, la realización o los sueños que se concretan son poderosos motivadores para invertir en el trabajo hoy.

Creo que a todos nos encantaría contar con una fórmula que nos dijera cómo llegar de aquí hasta allá. Cómo superar los obstáculos presentes y correr a toda velocidad hacia el futuro. Cómo hacer caso omiso a las limitaciones de nuestras circunstancias actuales y no aceptar nada menos que el éxito personal. Entonces, el mundo nos vende esquemas mentales para proponernos metas y trucos útiles para retirarnos jóvenes y vivir lo mejor de la vida. Está lleno de libros para ayudarte a llegar allí, los boletos para el tren bala hacia la vida que tú mereces ya están disponibles en la ventanilla de la autodeterminación más cercana.

Pero tengo la corazonada de que, si escogiste *este* libro, es porque no buscas esquemas mentales prehechos y atajos. Agarraste este libro porque tratas de encontrarle sentido a la tensión entre tus circunstancias presentes y tu futura esperanza. Quieres saber qué hacer en el medio.

Quizás, como yo, has fantaseado con una vida de constante esfuerzo y una búsqueda de autorrealización, pero no has logrado una satisfacción verdadera. A lo mejor tú también has caído en hacer por inercia las cosas de tu cotidianeidad rutinaria, corriendo sin rumbo fijo, y te sorprendiste preguntándote si ser fiel hoy en realidad importa para el mañana que ansías.

Yo he pasado por eso. Y si pudiera volver atrás y hablarle a mi yo de los veintipico de años sobre el poder de la fidelidad de hoy, le diría lo siguiente: *Algún día está formado por miles de ahora*.

La haría tomar asiento y le contaría un secreto: lo que quieres ser no sucederá automáticamente. Te formas de a un día, una decisión, un momento común a la vez. Son las cosas aburridas de la fidelidad cotidiana las que forjan una vida.

Le diría a esa chica motivada por los resultados rápidos: «No puedes lograr ser santa, sabia, compasiva o entregada con solo desearlo. No te despertarás un día y, de pronto, serás una buena líder, capacitada en la maternidad, diligente en el estudio de la Biblia, constante en hacer ejercicio, audaz para usar tus talentos o llena de fe cuando la vida no resulte como esperabas que fuera». Tomaría prestadas las palabras que suelen atribuírsele a Arquíloco, el poeta de la Antigüedad, y le diría: «No nos elevamos al nivel de nuestras expectativas; caemos al nivel de nuestro entrenamiento».

No sé tú, pero a veces paso mis días suponiendo que me espera la comodidad, en lugar de entrenarme para la dificultad. Y, luego, me pregunto por qué mis reacciones a la decepción, la incomodidad o el desaliento no son más firmes y seguras en el Señor.

Generalmente, nos sale lo que más practicamos. Pero si nuestra práctica se basa en la memorización y la repetición, en lugar de en el tutelaje de nuestro Maestro sabio quien nos entrena intencionadamente, no nos servirá a largo plazo.

¿A Dios le importa más tu corazón que cómo pueden resultar todos tus sueños? Por supuesto. Pero su deseo para lo que llegue algún día en esta tierra está envuelto en todo lo que él pretende que llegues a ser en la vida eterna. Verás, en quien tú y yo nos convertimos (a nivel del alma) en nuestra relación con Aquel que nos creó es la razón por la que cada capa, cada pincelada y cada decisión tras bambalinas importa; es la razón por la que debemos ser fieles en nuestro ahora terrenal. Tu ahora es tanto para tu santificación como para tu formación.

Así como diez mil horas en sí mismas no nos aseguran el éxito, dar vueltas sin rumbo durante los minutos de nuestra vida diaria nunca nos transformará en quien estábamos plenamente destinados a convertirnos en Cristo. Debemos poner en práctica lo que esperamos llegar a ser. Y, por la gracia de Dios, podemos hacerlo y lo haremos.

VERDAD A LA QUE AFERRARSE

Algún día está formado por miles de ahora.

UNA LITURGIA PARA CUANDO EL PRESENTE NO PARECE TENER SENTIDO

Que pueda yo comprender el tiempo como lo haces tú,
oh, Señor.
Podrías haber creado el mundo entero
—los océanos, los ríos, las montañas y los cielos;
hombre y mujer, las criaturas que merodean—
en un instante.
Pero elegiste propiciar cada detalle… con el tiempo.
No estabas apurado; no apresuraste lo que llamaste
bueno.
Tuviste un propósito para cada día de la creación,
y lo tienes para cada día desde entonces.
Yo tampoco tengo que apurarme, cuando tú me has dado
este día,
a propósito, para un propósito.
El aire que respiro hoy es, ni más ni menos,
un regalo de ti
para volver a empezar, continuar, confiar en el proceso,
y practicar lo que espero llegar a ser.
Por eso, enséñame el esmero y la disciplina,
en especial cuando el proceso se siente tedioso
y requiere más tiempo del que pienso que debería.
Designa lo que sea necesario en repetición y en duración
para mi formación y mi progreso.
Tú, oh, Dios, eres fiel para completar la obra que
comenzaste en mí,
por lo tanto, no permitas que me adelante a ti
ni que me quede atrás,

porque ninguna página de mi historia es innecesaria
en el libro de mi vida.
Caminaré a tu paso hoy, para poder estar
exactamente donde esté destinada a estar mañana...
contigo.
Amén.

Capítulo 6

El caos produce carácter

Es como si mi cuerpo supiera que la alarma está a punto de sonar. Entonces, me despierto unos minutos más temprano para estresarme anticipadamente. Las campanillas relajantes intentan dar la bienvenida a la mañana. Ah sí, ahí está.

Incluso antes de que haya movido un músculo, mi corazón comienza a latir desaforado y unos pensamientos caóticos se apoderan de mi mente: *¿Nos acordamos de devolver la llamada al contratista? Ay, no, anoche me olvidé de poner la ropa en la secadora. ¿Qué cenaremos hoy? No podemos cenar afuera otra vez: ya gastamos el presupuesto de esta semana. ¿Qué podemos descongelar ahora para que esté listo a la noche? ¿Y qué hay de la conversación que nunca terminamos la semana pasada? Me siento una mala madre. Necesito un día de espá. Pero estoy tan atrasada con todo... Espera, ¿qué vamos a hacer respecto de la escuela de los niños el año que* *viene? ¿Tendríamos que considerar mudarnos? Dicen que hay buenas escuelas en Tennessee. Y el vecindario. Ojalá tuviera buenas amistades aquí, personas que en realidad me conocieran. Ah, esa familia nueva viene a cenar mañana... ¿nuevos amigos? Tal vez. Espero que no sea incómodo. Uff, los chicos ya se levantaron. Se me está haciendo tarde. Ay, todavía no pedí el turno para esa mamografía ni resolví qué hacer con el techo, que necesita arreglos. A ver si me quito de encima las sábanas y respiro hondo.*

¿Por qué todo no puede ser... sin complicaciones?

Hay una historia imaginaria que me gusta contarme a mí misma, dice más o menos así: una chica estresada al fin pone en orden su vida, ingenia un plan a largo plazo, se ciñe al plan, el mundo no se desmorona y, por fin, consigue lo que quería. Fin.

¿Tienes alguna historia similar que te guste contarte? Tal vez la tuya tiene algunos giros inesperados más, pero me arriesgo a pensar que tu historia imaginaria tiene el mismo hilo conductor que la mía: controlar tu vida ahora para evitar la posibilidad de que haya dolor después.

Puede que tu obsesión no sea querer que tu vida tenga más propósito y más satisfacción. Puede que tengas demasiadas cosas entre manos para empezar. Si la inquietud es el deseo de tener más, tal vez, tratar de controlar todo es el anhelo de tener menos.

Menos ruido, menos presión, menos incertidumbre, menos dolor.

Imaginamos que si pudiéramos controlar nuestras listas, comprender lo que no sabemos, reducir las cosas que nos estresan y calmar nuestro caos, de alguna manera, nos sentiríamos en paz.

¿Tener un plan puede ser un idioma del amor? Porque yo creo que es el mío. Así es como más me siento amada y es, también, como trato de demostrar amor.

Me encanta estar un paso adelante de cualquier desastre. Un paso adelante de las necesidades del otro. Demuestro que te quiero cuando me anticipo a tener un plan para que tú no tengas que hacerlo. (Eso y alimentándote como una mamá asiática: ¿te sientes triste? Te prepararé un plato de fideos. ¿Tienes que tomar una decisión importante? Podrás pensar con más claridad cuando comas algunos bollos rellenos. Por cierto, siempre hay raciones extra de cena en la casa de los Simons).

Un plan es una señal de que las cosas están tranquilas y estables, de que no hay sorpresas. Así es como me gusta.

Pero, como sabes, tener un plan es primo hermano del deseo de controlar. Tiendo a ser muy fanática de eso también. Un cronograma fijo, saber la ruta exacta que tomar para la máxima eficiencia, terminar lo comenzado como se espera, hacer un plan y seguirlo al pie de la letra, hacer bien las cosas para que nada me dé la sensación de estar fuera de control... son todas las cosas que significan AMOR para mí. Es broma... algo. (Troy sabe que no es ninguna broma).

A mi colega Caleb, quien ha trabajado conmigo en muchos proyectos, le gusta burlarse de mí al describirme como alguien que disfruta de «prepararse para preparar». En otras palabras, tiendo a actuar como si nunca fuera demasiado temprano para empezar a planear y nunca estuviéramos demasiado preparados para ejecutar un plan.

Estar preparada de más siempre me parece infalible... hasta que mis planes fallan, las circunstancias que no controlo afectan mi esquema o no puedo encontrar cómo poner orden en el caos de mi vida. A lo mejor tú también eres un maniático del control que planea en exceso y necesita conocer todas las variables. (Espero no ser la única). Pero lo cierto es que ni toda la planeación del mundo puede prepararte del todo para la pérdida, el sufrimiento, la desilusión o los giros inesperados de tu vida.

En mis planes, yo iba a amar la maternidad. En la realidad, descubrí que me costaba trabajo la rutina diaria durante la crianza de mis hijos.

Planeaba nunca dejar de soñar, pero descubrí que sentía apatía por mi propósito y mis dones cuando las oportunidades no daban resultado.

Cuando tenía veintitantos años, planeaba capacitarme para el ministerio: que mis treinta fueran para formar el ministerio y mis cuarenta para expandirlo. Descubrí, sin embargo, que todas esas temporadas iban a darse vuelta.

Planeaba tener crecimiento constante como seguidora de Cristo cuando atravesara épocas duras, pero luego me descubrí encerrada en mí misma y alejada del Señor cuando no pude encontrarle sentido a mis sentimientos.

Cuando miro atrás, reconozco que mi idea de planear estaba menos arraigada en decisiones activas y deliberadas y más basada en mi expectativa de que las cosas se desarrollaran como yo esperaba. Es decir, nuestros planes pueden convencernos de que controlamos más nuestra vida de lo que lo hacemos en realidad. Nos tienta creer que si podemos generar cierta sensación de certidumbre en nuestra vida y entendemos el plan, sentiremos paz en lugar de caos.

Con esta perspectiva, ¡no es raro que luchemos contra tanto temor y ansiedad! Nuestros planes más meticulosos no son sino un intento de asegurar la confianza, la previsibilidad y la estabilidad que ansiamos en un mundo caótico. Pero ¿y si la incertidumbre y el caos que constantemente tratamos de eliminar tuvieran un propósito? (Aunque eso nos vuelva locos).

La inestabilidad estratégica

En un estudio neurológico que realizó la universidad Yale en el año 2018, los investigadores descubrieron que, si bien la inestabilidad y la falta de previsibilidad pueden resultar incómodas o no deseadas, son necesarias para poner en marcha el cerebro. Así es como aprende y se desarrolla. Para demostrarlo, un equipo de científicos le enseñó a un grupo de monos cómo acertar a diversos blancos a cambio de un premio. Cuando se establecieron las probabilidades de que un mono tenía la capacidad de acertar en el blanco, este recibía su recompensa el 80% de las veces. Pero cuando el blanco era impredecible, la recompensa era variada y poco fiable. Mientras los monos jugaban con los objetivos, surgió un patrón claro: los centros de aprendizaje del cerebro de los animales estaban sumamente comprometidos cuando no tenían seguridad sobre cuál sería el resultado pero nada interesados cuando los resultados eran predecibles[1].

«Solo aprendemos cuando hay incertidumbre», dijo Daeyeol Lee, profesor de neurociencia de Yale[2]. «Si quieres optimizar el aprendizaje, tienes que asegurarte de hacer cosas difíciles el 70% de las veces», dijo un empresario que aplicó este principio[3]. En otras palabras, si sabemos exactamente qué esperar y cuándo esperarlo, nuestro cerebro no tiene ningún motivo para involucrarse; seguimos en piloto automático. Pero cuando sentimos angustia, inestabilidad o inquietud, nuestro cerebro se activa para aprender algo que, de otra manera, ignoraría. Los investigadores sostienen que «la estabilidad es el interruptor de apagado para el cerebro»[4].

¡Esto quiere decir que tus incógnitas y los próximos pasos de los que no estás seguro pueden ser lo mismo que impulse a tu cerebro a aprender y a madurar! En vez de llevarte a la autodependencia complaciente, la inestabilidad te brinda una oportunidad.

La inestabilidad te brinda una oportunidad.

En definitiva, los resultados del estudio llevaron a los líderes de productividad a sugerir que se sume un poco de «inestabilidad estratégica» a nuestra vida[5]. Me reí cuando leí eso. *No, gracias*, pensé. *¡Ya tengo suficiente inestabilidad con la cual trabajar!*

Este principio se aplica también a nuestra vida. Crear inestabilidad brinda una oportunidad. Hacer cosas difíciles no es la excepción; es la norma si estamos destinados a cultivar nuestra santificación. Si bien este estudio no descubre una verdad espiritual profunda ni utiliza herramientas bíblicas de investigación, refleja algo del diseño y el cuidado intencional de Dios al crear a la humanidad, con todas nuestras complejidades.

Dios nos dio la capacidad de crecer, de afrontar una situación y de interactuar con las circunstancias que no deseamos. ¿Te has dado cuenta de lo consciente que estás de él cuando las cosas son difíciles? ¿Cuánto más estás predispuesto a orar? No sé tú, pero algunas de las ocasiones más importantes de mi comunión con Dios sucedieron cuando parecía que mi vida estaba más fuera de control.

Creemos que la calma y la seguridad son claves para nuestra felicidad, pero lo irónico es que el tumulto es lo que produce lo que en realidad buscamos: la paz «que sobrepasa todo entendimiento» (Filipenses 4:7, NVI). Las historias de la Biblia hablan de este camino invertido hacia una fe, de la sensación inalterable de esperanza, de la paz que no depende sistemáticamente de circunstancias tranquilas. Veamos algunos ejemplos:

Si alguno de estos personajes bíblicos hubiera intentado planear salir del caos que estaba sufriendo, hubiera dejado pasar lo que Dios estaba haciendo. Nosotros somos culpables de lo mismo muy seguido. Estamos tan ocupados tratando de desenredarnos

PERSONAJE	SITUACIÓN CAÓTICA	CARÁCTER PRODUCIDO
Moisés	Los egipcios estaban alcanzando al pueblo de Israel, mientras ellos no tenían dónde ir, salvo entrar al mar Rojo	Confianza obediente
Rut	Perdió a su esposo y la vida que conocía	Humildad y confiabilidad
Ester	Enfrentó decisiones difíciles después de enterarse de una conspiración para aniquilar a su pueblo	Valor
Pablo	La persecución de la iglesia primitiva	Fe firme

de lo que podría pasar que se nos escapa la verdad de que llegamos a conocer a Dios y somos transformados por él en medio de nuestras incertidumbres.

¿De qué manera ha elegido Dios atraerte a sí mismo durante los momentos más inestables de tu vida? Hagamos una versión más detallada del cuadro anterior.

Comienza por describir una situación reciente caótica no deseada. Luego, detalla qué aprendiste sobre Dios en esa situación, qué hizo Dios con tu carácter a través de ella y qué bendiciones inesperadas surgieron de las incertidumbres. Por último, describe otra vez ese momento o experiencia luego de esta reflexión y cómo Dios lo usó estratégicamente en tu vida.

1. Situación caótica:
2. Enseñanzas que aprendí sobre Dios:
3. Cambios en mi carácter:
4. Bendiciones inesperadas:
5. Situación estratégica:

¿Puedes rastrear la fidelidad de Dios en y a través de circunstancias que, de otra manera, hubieras considerado desestabilizantes? Timothy Keller lo expresó así: «Dios solo te dará lo que tú hubieras pedido si supieras todo lo que él sabe»[6].

En el fondo de mi necesidad de controlar el resultado de mis circunstancias actuales, las cuales me cuesta entender, está el deseo innato de evitar el dolor, la pérdida, el rechazo, la tristeza y cualquier posible sensación de falta de valor. ¿No es eso lo que todas las personas evitamos?

Pero si Dios sabe lo que en realidad necesitamos y promete darnos exactamente lo que más lo glorificará a él y nos hará el máximo bien, confiar en él cuando nos sentimos confundidos, en medio del caos, abrumados o vacilantes sobre los pasos a seguir debería ser fácil, ¿cierto?

Salvo que en medio de nuestras aflicciones actuales, no podemos ver qué hay en los corredores de la mente de Dios ni saber cómo resultará todo al final. Es posible que ahora no parezca que alguna vez se va a solucionar. Quizás no veamos evidencia de ningún plan en este momento. La realidad es que a las personas santas les pasan cosas difíciles. Pero si Dios tiene el control, y si nuestros intentos de proyectarnos y manifestarnos a nosotros mismos no logran los fines previstos, tenemos que recordar por qué él es más confiable que nosotros y nuestros propios planes.

En otras palabras, si queremos saber que «Dios dispone todas las cosas para el bien de quienes lo aman, los que han sido llamados de acuerdo con su propósito» (Romanos 8:28, NVI), tenemos que conocer al Dios que tiene un plan y la razón por la cual debemos amarlo por ello.

¿Recuerdas haber hecho el ejercicio, tan típico de campamento juvenil o seminarios para fomentar el espíritu de grupo, de dejarte caer hacia atrás para que otro te atrape? La idea de caer despreocupadamente en los brazos de alguien que está parado detrás de ti, supuestamente preparado para agarrarte antes de que te golpees contra el piso, es un verdadero problema para quien tiene problemas de confianza en las personas. De ahí, el ejercicio, ¿verdad?

Imagina que tu compañero en el ejercicio (el que se para detrás de ti con los brazos extendidos) fuera el bromista de la clase. Imagina que no se tomara nada en serio e hiciera bromas de todo. ¿Te apuntarías para dejarte caer de espalda hacia él con todo tu peso? Imagina que el compañero detrás de ti tuviera fama de ser perezoso, de jugar videojuegos día y noche y viviera comiendo comida chatarra. Él te dice que hará lo mejor que pueda, pero no está seguro de ser el mejor para esta tarea. Sus brazos son delgados y parece aburrirle la propuesta. ¿Te dejarías caer o no? Para mí sería un rotundo no. ¿Por qué? Porque cuando tu integridad, tu seguridad y, quizás, tu vida depende de alguien, quieres que sea una persona con la que puedas contar. Las calificaciones de la persona en la que confías son importantes.

¿En quién confías?

Entonces, ¿qué tenemos que temer sobre nuestro futuro (o del camino para llegar allí) si en verdad creemos que alguien bueno tiene un plan perfecto pensando para nuestro bien? No hay razón para temer cuando recordamos que Dios todo lo sabe (omnisciente), todo lo puede (omnipotente) y es incapaz de fallar (inmutable). Sus calificaciones demuestran que él es digno de confianza.

Nuestro problema de confianza es un problema de creencia. Podemos confiar totalmente en nosotros mismos o confiar plenamente en el poder de Dios. Pensémoslo de un modo sencillo: la confianza requiere rendirse ante aquel que sabe lo que es mejor y poner tu confianza en el hecho de que él hará lo que dice.

La Biblia entera es un registro de la grandeza y del amor misericordioso de Dios por su creación. Habla de la fidelidad de Dios, su compleción, su provisión y que sus planes no se frustran. Se necesitaría cada página de este libro para detallar cada manera en que Dios es digno de confianza. Pero aquí hay algunas cosas que Dios dice sobre sí mismo:

- Él envía la lluvia sobre la tierra árida (Job 38:25-26).

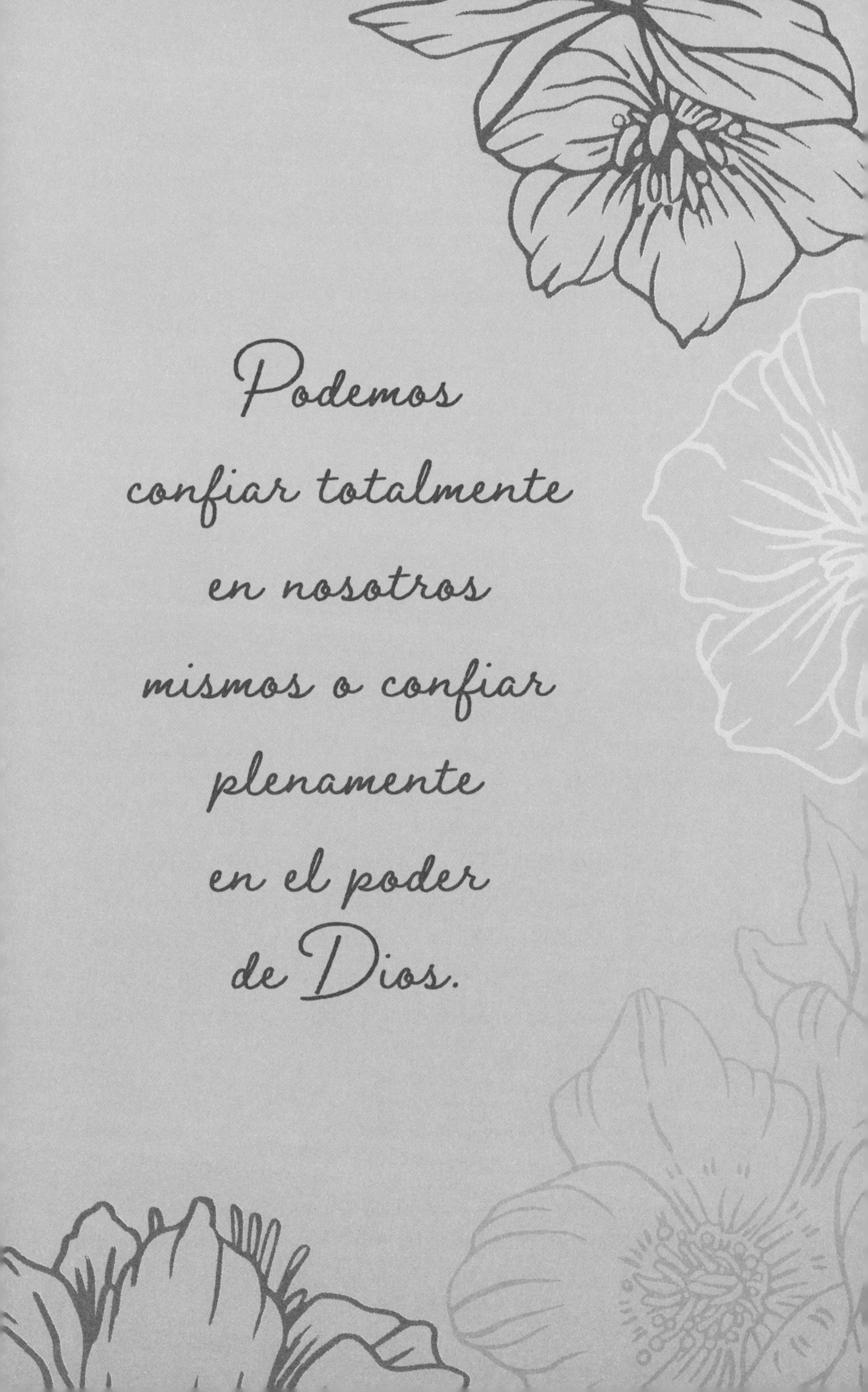
Podemos
confiar totalmente
en nosotros
mismos o confiar
plenamente
en el poder
de Dios.

- Él hace que el sol salga y se ponga (Génesis 1:16-18).
- Él determina la hora del regreso de Cristo (Mateo 24:36).
- Él mantiene unidas todas las cosas (Colosenses 1:17).

¿Y cómo sabemos que él ha hecho y hará lo que dice?

- En Cristo, todas las promesas de Dios se cumplieron (2 Corintios 1:20).
- Un día, él hará nuevas todas las cosas (Apocalipsis 21:5).
- Jesús no vino para abolir la ley, sino para cumplirla (Mateo 5:17).

Confiamos en el Dios de nuestro *todavía no* porque recordamos que él es el Dios que *ya* ha cumplido lo que prometió que haría.

Imagino que estás pensando: *Eso es excelente, Ruth. Yo creo que Dios es confiable. Creo que desea mi bien. Y creo que él tiene el control. Pero ¿qué hago hoy en lugar de enloquecer?*

Me alegra que lo preguntes.

El misterio de vivir la vida del ya y todavía no está en la cooperación entre tú y Dios en cuanto a en quién te conviertes y cómo vives. Confiar en Dios no significa no hacer nada; significa empezar donde estás con lo que tienes y esperar en él los resultados. Dios desea relacionarse con sus hijos; es quien organiza y nos invita a trabajar con él.

Dios conduce; nosotros seguimos.

Él inicia; nosotros respondemos.

Él nos da mente, habilidades, dones y talentos; nosotros los usamos mientras caminamos en el Espíritu.

Los sabios eruditos de la Biblia han dedicado su vida a

estudiar y escribir sobre estas verdades. Yo no me atrevo a explicar el misterio de cómo el Dios santo del universo nos invita a entrar a su plan soberano y ser parte de él, pero lo que sí sé es esto: *nosotros somos llamados* a confiar en Dios *y* a empezar donde estamos con lo que tenemos.

Me encanta la confesión del pastor y autor John Piper en un sermón de algunos años atrás:

> (Confiar en Dios) es una de las enseñanzas más simples que aprenderás en la vida, y una de las más difíciles que llevarás a cabo. Porque estamos programados (nosotros, los pecadores; los caídos que nos exaltamos a nosotros mismos y somos egoístas) para que nuestras emociones suban cuando nuestros planes son inteligentes y para que nuestras emociones caigan cuando nuestros planes son menos inteligentes. Al menos, las mías lo hacen. Y no me gusta eso de mí, que mi coeficiente de ansiedad suba y baje según mi entendimiento sobre cómo solucionar un problema, en lugar de dar lo mejor de mí y confiar en Dios[7].

El *coeficiente de ansiedad* (nivel de ansiedad) que sube y baja según la capacidad para controlar una situación y eliminar la incertidumbre. ¿Tú también? Sé que esto es real en mí.

Entonces, ¿qué hacemos al respecto?

Usamos todo lo que recibimos (tiempo, habilidades, dinero, relaciones, inteligencia, madurez emocional, conocimiento bíblico, etcétera) y hacemos todo lo posible por honrar a Dios y trabajar con él. Luego, le confiamos a él los resultados.

La confianza no es pasiva. Cada uno de los siervos de Dios que vimos antes, los cuales afrontaron la incertidumbre y el caos, dieron un paso al frente en fe con lo que tenían y confiaron en Dios.

La confianza es acción

Hace unos años, me sentía sumamente desanimada por todo lo que intentaba solucionar y comprender en medio de tantos problemas pesados que enfrentaba nuestra familia, el ministerio y la empresa. Eran cosas difíciles que abarcaban desde si teníamos que mudarnos como familia hasta buscar una iglesia, pasando por el hecho de que mi esposo consideraba a dónde lo llamaba Dios en la segunda mitad de su vida, la profunda necesidad que teníamos de formar amistades verdaderas, cómo conocer las necesidades de nuestro negocio mientras vivíamos en un pueblito de montaña y la incógnita de si debíamos continuar con la educación en casa. La presión era intensa, y no había margen de error. Troy y yo sentíamos el peso de todo el caos, todas las preguntas y todas las incógnitas, y nos estaba pasando factura como matrimonio. Había más distanciamiento, más amargura, más circunspección sobre nuestro dolor y enseguida nos increpábamos por los errores.

Recuerdo que en esa época pensaba y actuaba como si las soluciones fueran equivalentes a la satisfacción. Como si, de alguna manera, el control igualara a la paz. Incluso una vez llegué a volverme loca porque el garaje estaba desordenado, como si un garaje impecable solucionara todo. Lo que no sabía entonces, y ahora puedo expresar, es que solo quería sentirme segura y protegida en ese momento. Estaba convencida de que controlar algo en mi vida podría proporcionarme una sensación de estabilidad.

Por supuesto, no era así. Por supuesto, se trataba de mucho más que tomar una decisión, limpiar un cuarto o resolver un problema. Y no tenía tanto que ver con el caos de nuestra vida, sino con a qué acudía yo con la esperanza de que la tormenta se calmara.

Fue durante ese año particularmente difícil en el hogar de los Simons y en la vida ministerial que Eve, mi compañera del ministerio, directora ejecutiva y querida amiga, comenzó una costumbre que, con el tiempo, resultaría mucho más fructífera de lo que pudimos imaginar. Como se sentía tan expectante por el plan de Dios como yo, me dijo: «Ruth, voy a empezar a orar todos los días a la misma hora y, específicamente, elevar estas cosas que no podemos comprender por nuestros medios».

Programó una alarma que sonara todas las tardes a las dos en punto como recordatorio para orar por las necesidades de GraceLand Co. y por la familia Simons. Como ella conoce los detalles íntimos de ambas áreas de mi vida, sabía que nosotros no podíamos ni arreglar ni manejar el caos; necesitábamos que el Dios de orden uniera todo y pusiera cada pieza en su lugar, así como lo hace con las estrellas cada noche. Jesús era el único que podía calmar la tormenta, del mismo modo que lo hizo por los discípulos que temían por su vida en aquel mar tempestuoso.

Resultó ser una pequeña decisión que causó un gran impacto. Prácticamente, cada una de las cosas por las que Eve oró a las dos de la tarde (hora del este) en aquella temporada ha sido contestada de una manera poderosa e inesperada. Eve te diría que no había nada mágico en sus oraciones, y estaría en lo cierto. Pero este acto fiel confiando en el Señor nos hizo tener más en cuenta de la provisión de Dios. Durante esa temporada, el Señor le dio a nuestra familia algunas de las amistades profundas e importantes que tanto necesitábamos. Nuestro matrimonio se fortaleció y creció. Dimos pasos en fe en el desarrollo de nuestro negocio y, con gratitud, contratamos gente para los puestos necesarios. Dios nos concedió arrepentirnos en áreas donde teníamos que dejar a un lado nuestro orgullo y nos dio valor para mantenernos firmes en las que necesitábamos luchar. Él afianzó a nuestra familia y nos dio visión, sanó las heridas y nos dio la risa. La escuela, el trabajo, la iglesia y los amigos: las cuatro áreas están en proceso, pero hemos visto la provisión con los ojos de la fe porque la inestabilidad que había en nuestra vida nos hizo estar alerta anticipadamente. El dolor y la confusión que no queríamos nos llevaron a una muy deseada dependencia y necesidad del Salvador.

La vida del momento presente que tú y yo recibimos no es algo para esperar y sobrevivir; Dios ha diseñado las circunstancias actuales para nuestro crecimiento.

Sé que puede parecer una locura decir que nuestro caos y las incógnitas sean *buenos*, pero cuando vemos un poco más allá cómo Dios libera a su pueblo, nos damos cuenta de que Dios, en su sabiduría, permite la inestabilidad estratégica, por así decirlo, en nuestra vida. Confiar en Dios justo donde estamos es para nuestro bien.

VERDAD A LA QUE AFERRARSE

Dios mantiene unidas todas las cosas.

UNA LITURGIA PARA CUANDO EL FUTURO ES DESCONOCIDO

Me presento ante ti, oh, Dios,
sosteniendo en mis manos apretadas
el deseo de saber qué es lo próximo.
La angustia por mi incapacidad para ver el futuro
representa
mis débiles intentos
por evitar el malestar, la aflicción, la confusión y el caos.
Le temo a lo que no sé, a lo que no entiendo.
Pero tú me invitas a echar todas mis ansiedades sobre ti,
porque tú sabes y entiendes.
Tus planes nunca fueron destinados para que yo los
descargue
y los ejecute sin ayuda.
Ayúdame a dejar de venerar la ejecución perfecta
del plan que me lleva de la A a la Z.
Desátame de la carga y de la ilusión de controlar.
Tú eres suficiente para mí, oh, Señor;
ayúdame a creerlo:
en mis interrogantes, en mis decepciones,
y cuando mis mejores esfuerzos no dan lugar a planes
realizados.
Aumenta mi deseo de ir donde tú me dirijas
y seguir tu camino;
que si cada uno de mis planes se frustra,
el desvío me lleve de regreso a lo mejor que tienes para mí,
justo donde tú estás.
Amén.

Capítulo 7

Los llamados de Dios son habilitantes

Hace varios años, mi amiga Jennie Allen me pidió que enseñara sobre Romanos y que pintara desde la plataforma en la conferencia de mujeres IF: Gathering de ese año... en vivo. En otras ocasiones previas, había rechazado invitaciones para pintar en vivo mientras enseñaba o hablaba en eventos, pero, porque era Jennie (y conocer a Jennie es conocer su pasión y verse atrapada por su visión), acepté.

Tenía veinte minutos para enseñar Romanos 8:24-28 mientras pintaba en una mesa de trabajo en el escenario, ante las cuatro mil asistentes a la conferencia y ante cientos de miles más en línea. Estaba nerviosa pero dispuesta al desafío. Preparé mi charla, tomé notas en mi teléfono y tracé un plan sobre cómo armaría la mesa de pintura para el evento en vivo.

IF: Gathering consiguió camarógrafos con extensas plataformas de cámaras para captar el proceso de mi pintura desde arriba y con tantos otros ángulos como pudieran. Estaba pensada para que fuera una experiencia inmersiva completa para el público.

Varias horas antes de que yo tuviera que salir, preparamos el escritorio en el que me sentaría durante mi sesión. Con cuidado, coloqué las pinturas originales dentro de la pantalla de vista, esperando lograr una experiencia de estudio de la vida real. Esparcí varios envases con pintura para dar efecto y preparé mi paleta. Dado que tendría solo veinte minutos desde el momento que entrara en el escenario hasta que me retirara de él, necesitaría que mi paleta de pintura estuviera lista. Mi objetivo era usar pintura acrílica para crear la escena de un amanecer sobre un lienzo de veinte por veinticinco centímetros. Supuse que la pintura acrílica era mi mejor opción, ya que podía mezclarla y pintar en capas y secaría mucho más rápido que los óleos.

Como se vio después, el tiempo del secado rápido tuvo sus ventajas como desventajas. Yo sabía que si dejaba gotas de pintura acrílica en una paleta durante cuatro horas, comenzarían a secarse en la capa superior, lo cual me dificultaría el acceso a la pintura fresca. *No hay problema*, pensé. *¡Usaré un médium acrílico para evitar que seque!*

Agregué una o dos gotas en cada parte de pintura y la mezclé. No estoy segura por qué (¿tal vez, solo porque me sentía ansiosa?), pero añadí varias gotas más. Y, luego, otras más.

¿Compensé de más las cuatro horas que estas pinturas soportarían afuera? *Mmm, sí.*

¿Cómo llegué a darme cuenta de que había agregado demasiado? Cuatro horas después, cuando me senté al escritorio frente a los miles de mujeres para pintar y enseñar versículos realmente importantes del libro de Romanos... todo salió mal.

Ni bien mi pincel tocó las pinturas, supe que había cometido un grave error. Estaban escurridizas y gelatinosas, similares a las pinturas hechas con los dedos de un niño de primaria. ¿Adivina qué? La viscosidad de las pinturas, básicamente, se convirtió en la misma viscosidad del médium acrílico ¡Lo cual tenía sentido, dado que yo había sido muy generosa con él!

Traté de disimular mi frustración y me lancé de lleno a hablar y a pintar según lo planeado. Salvo que nada fue según lo planeado.

Había olvidado poner una toalla de papel en la mesa de trabajo para secar el pincel, así que mi amiga, Bianca, tuvo que entrar corriendo al escenario con un pañuelito. Mientras trataba de pintar la imagen que había visualizado, la pintura se deslizó alrededor de la superficie del lienzo. *Pasaron cinco minutos. Queda claro que la primera capa no seca. ¡Parece que el médium acrílico es muy efectivo!*

Comencé a leer el pasaje de las Escrituras. *Van diez minutos. Yo simulo mezclar pinturas que se resisten a mezclarse.* Hablaba sobre Romanos 8:26 (NVI): cómo «en nuestra debilidad el Espíritu acude a ayudarnos». *Pasaron quince minutos. Mi amanecer parece el intento de una niña de tres años por pintar «La noche estrellada» de Van Gogh.* Cómo «el Espíritu mismo intercede por nosotros» (v. 26). *Dieciocho minutos transcurrieron de mi charla de veinte, dejo el pincel derrotada y pongo las manos sobre mi regazo.* Conteniendo las lágrimas de mi desilusión por el intento fallido de usar mis dones con eficacia, leí el último versículo del pasaje: «Sabemos que Dios dispone todas las cosas para el bien de quienes lo aman, los que han sido llamados de acuerdo con su propósito» (v. 28).

El Señor usará tus dones para su gloria, pero es posible que no sea como tú piensas que debería —le dije al público, el cual ahora se daba cuenta de que yo no terminaría la pintura—. Cuando leemos en Romanos 8:28 que «Dios dispone todas las cosas para el bien de quienes lo aman», no quiere decir que él hará todas las cosas pulcras y ordenadas (NVI). Quiere decir que Cristo se hace *a sí mismo* nuestro bien y lo resuelve para que nosotros lleguemos a conocerlo a él y a sus propósitos a través de todas las cosas». Concluí con una oración y salí de la plataforma con el rostro sonrojado por la vergüenza y el corazón apesadumbrado por la derrota.

Creía en las palabras que estaba enseñando, pero en definitiva no quería tener que poner a la vista esas verdades en tiempo real, sobre el escenario, delante de miles de personas.

Fue una manera tangible de que yo practicara esta verdad: cuando amamos a Dios, él se convierte en nuestro bien más valioso, más allá de que todo se resuelva de la forma que nosotros queremos.

No repasé esa verdad hasta después de haber superado un buen llanto ese día en Dallas. Pero, cuando por fin me calmé, fue jocosamente obvio: yo, Ruth Chou Simons, ejercitando esta verdad con mi vulnerabilidad y en tiempo real, fui la ilustración para el mensaje, no la pintura que no logré realizar.

Esperaba glorificar a Dios usando los elementos en mi caja de herramientas, los talentos por los que era conocida y el tiempo que había invertido en planear este momento. Pero Dios optó por usar mi debilidad, imperfección y falta de experiencia para enseñar la verdad de su Palabra como no podría haberlo hecho una pulcra sesión sincronizada de enseñanza y pintura.

«Llamados de acuerdo con su propósito» (v. 28, NVI). Querido amigo, amiga mía, ¡sus propósitos no serán frustrados, aunque nuestros planes lo sean!

¿Y si Dios es glorificado en nuestras debilidades e incompetencias? ¿Y si usar con fidelidad lo que tenemos ahora mismo es exactamente lo que Dios desea de nosotros, aunque no tengamos todo lo que necesitamos?

Cuando tú eres improbable

Hay un dicho popular que dice: «Elige un trabajo que te guste y no tendrás que trabajar ni un solo día de tu vida». Sé lo que significa esa sensación, pero debo confesar que no estoy de acuerdo.

Cada «trabajo» al que estoy llamada en la actualidad (mamá, esposa, escritora, artista, podcastera, conferencista, empresaria) es algo que en realidad disfruto muchísimo. Y, sin embargo, a veces no quiero presentarme a trabajar.

A veces, lo siento como una carga muy pesada. A veces, las tareas son demasiado difíciles. A veces, lucho con la presión. Y, casi todos los días, se presenta alguna oportunidad para cuestionarme mi capacidad para hacer cualquiera de las cosas que se me han dado.

Mis hijos necesitan una mamá más paciente.

No tengo experiencia suficiente para dirigir una empresa de este tamaño.

Hay personas más capacitadas para discipular a otros.

¿Cómo puedo ser una conferencista si, naturalmente, me cuesta estar en un escenario?

Soy demasiado introvertida para un trabajo que implica pasar tiempo con tantas personas.

¿Cómo podemos poner las manos en el arado de la fidelidad cotidiana cuando dudamos de nuestra capacidad para los roles que se nos han dado?

Hemos educado en casa a alguno o a todos nuestros hijos en diversos momentos a lo largo de nuestra trayectoria como padres. Invariablemente, cuando surge el tema en una conversación, otra madre dice: «Sería terrible como educadora de mis hijos; queda claro que no estoy hecha para eso». Y siempre me rio entre dientes porque, seamos sinceros, yo no eduqué en casa a mis hijos porque me sintiera particularmente hábil para hacerlo.

¿La imagen que tienes en la cabeza es de un espacio idílico para educar en el hogar, con una mamá motivadora dando clases? ¿Con mapas en las paredes y cubículos de colores alegres llenos de libros y útiles todos prolijamente organizados? Olvídate de esa imagen. Lo intenté y no era yo. Troy y yo sentimos la dirección de educar en casa a esos hijos en particular, en esa temporada en particular, y los llamados de Dios resultaron ser sus habilitaciones.

A veces suponen lo mismo de mí cuando comparto que soy madre de seis varones. Ahora agrego una advertencia al comienzo de la conversación, con la esperanza de que ajusten sus expectativas, y me refiero a mí misma como «una mamá improbable de seis varones».

¿Por qué? Porque casi siempre suponen que tuvimos seis niños porque: seguimos intentando tener una niña (no fue así) o bien no sabíamos qué lo causaba (esa es buena) o no teníamos televisión (sí tenemos) o la paternidad se nos dio fácil (inténtalo de nuevo).

—Debe ser buena en esto para tener tantos— es la frase en la fila del supermercado.

—¿Buena en esto? —me burlo—. ¿Cómo podría ser buena en el caos, el ruido y el trabajo que nunca se termina y por el que nadie te paga un sueldo?

No, déjame asegurarte que la maternidad siempre ha sido protagonista en todas las cosas por las que me siento terrible. Aun así, una vez más, los llamados de Dios han demostrado ser habilitantes.

Perder la paciencia, levantar la voz, verme sobrepasada, administrar mal mi tiempo, perder de vista mis objetivos, sacar conclusiones precipitadas, la falta de fe, darle demasiadas vueltas a todo, temer lo peor, querer renunciar a todo... son algunas de las cosas en las que soy buena por naturaleza si me dejan a mi suerte. No son precisamente los requisitos que buscas en alguien que ocupa un rol importante. Y, a veces, dejo que mis sentimientos de incompetencia me hagan retroceder cuando tengo que usar mis dones o trabajar en la labor que Dios me ha encomendado. ¿Has descubierto que esto es cierto en tu vida también?

Cada vez que tuve dificultades con esta tensión, volví a esta verdad: la gracia de Dios es el catalizador que nos promete hacernos más parecidos a él, que es más de lo que somos por nosotros mismos. Lo que no se da de forma natural sucede por la gracia.

La Biblia está llena de hombres y de mujeres que carecían de lo que ellos creían necesario para hacer lo que Dios les pedía hacer. Estos hombres y mujeres cuestionaron si Dios se había equivocado al ponerlos en las circunstancias en que se encontraban, pero nosotros damos testimonio de la verdad cuando vemos la historia redentora de Dios en su totalidad: Dios llama a los improbables a propósito para lograr lo que sería imposible sin él.

Uno de mis relatos preferidos de las Escrituras es el pacto de Dios con Abraham. Dios le hizo una promesa a Abraham en Génesis 12, le dijo que sería el padre de una gran nación y que sus descendientes serían tan numerosos como las estrellas del cielo. Dios dijo que, gracias a Abraham, todos los pueblos serían benditos (¡a través de Jesús!). ¿Cuál era el único problema? Por un lado, la esposa de Abraham, Sara, era estéril. Por el otro, ambos habían pasado la edad de ser fértiles. ¿Cómo cumpliría Dios su promesa cuando Abraham y Sara carecían de toda capacidad para tener hijos?

Según relata la historia en Génesis 16, ellos percibieron su incapacidad para hacer que las cosas sucedieran por naturaleza como una oportunidad para tomar las riendas. Decidieron «ayudar» a Dios para que cumpliera su plan. Pero Dios nunca quiso que ellos cubrieran sus deficiencias. Él tenía el propósito de que ellos confiaran en su palabra y ejercieran la fe.

No le echo la culpa a Sara. Yo también me impaciento y me abrumo cuando no veo cómo se compaginará el plan de Dios. Es fácil contar tus recursos, las herramientas que traes en tu cinturón portaherramientas y evaluar la situación según tus propias capacidades.

De hecho, hoy justo antes de que me sentara a escribir este capítulo, me enteré de que algo que yo había esperado, planeado y para lo cual había avanzado en fe... quedó en la nada. Pensé que Dios había contestado mis oraciones. La situación parecía una de esas en que las promesas de Dios iban a cumplirse. Tenía sentido que Dios proveyera así, y yo había comenzado a festejar su fiel provisión en la situación en la que había estado experimentando escasez. Cuando pensaba que Dios estaba proveyendo, el futuro parecía brillante y claro. El camino a seguir era emocionante, la tarea por delante lucía prometedora. Con esta provisión a la vista, me sentía fuerte, capaz y lista para enfrentar todo lo que había sido llamada a enfrentar.

Y, entonces, la puerta se cerró.

Dios de seguro cometió un error. ¿Cómo es posible que esta no sea la manera de proceder? Y, si no lo es, ¿cómo lograré lo que Dios me dio para hacer cuando no tengo todo lo que necesito para hacerlo?

Me pregunto si Sara pensó todas estas cosas mientras luchaba con su ya, pero todavía no.

Abraham y Sara esperaron veinticinco años antes de que Dios abriera el útero de Sara y naciera su hijo, Isaac. Dios, a su tiempo, logró lo que parecía imposible para Sara y Abraham. ¿Era

Lo que no
se da de forma
natural sucede
por la gracia.

improbable que Sara concibiera y diera a luz un hijo a los noventa años? *Seguro.* ¿Era imposible cuando Dios estaba obrando? *Jamás.* Esta no es la historia sobre la capacidad de Abraham y Sara; es una historia sobre la fidelidad de Dios.

Si me conoces bien, sabes que por naturaleza no me atraen las plataformas ni los reflectores. No me malinterpretes: aunque deseo y valoro la atención igual que cualquier persona, el trabajo de presentarme o de comunicar en un escenario, en televisión o con todos los ojos puestos en mí es una instancia de debilidad y vulnerabilidad para mí, no un lugar de confianza audaz.

Me siento con recursos suficientes cuando pinto y creo productos. Para eso, hago gran parte del trabajo tras bambalinas y llego con todo resplandeciente y perfecto. ¿Pero en directo? Cualquier cosa puede pasar. Quienes más me conocen (y, al parecer, eso te incluye) saben que, cuando me pongo nerviosa, afloran todos mis problemas del inglés como segundo idioma. Se me olvidan con facilidad las palabras más básicas. Mezclo alegorías y confundo expresiones idiomáticas (algunas de las favoritas de Troy son: «Nunca es tarde cuando amanece más temprano», «Más vale pájaro en mano cuando la dicha es buena» y «Al que madruga, el diablo le da sobrinos»). Es cómico, pero a veces me genera incomodidad ser menos refinada de lo que quisiera. A mi juicio, Dios podría lograr grandes cosas si yo fuera diez veces más constante, estructurada o, sencillamente, perfecta en mi trabajo.

Pero ¿si la verdad es (como descubrieron Abraham y Sara) que Dios no necesita nuestras ideas geniales sobre nuestras capacidades, nuestra aptitud o nuestro ingenio para llevar a término sus propósitos? Él hará lo que se proponga; nosotros podemos ser parte de su plan.

¿Qué pasaría si en realidad creyéramos que Dios «puede lograr mucho más de lo que pudiéramos pedir o incluso imaginar mediante su gran poder, que actúa en nosotros» (Efesios 3:20)?

¿Y si Dios solo quiere que de verdad vivamos creyendo que «Dios, quien comenzó la buena obra en ustedes, la continuará hasta que quede completamente terminada el día que Cristo Jesús vuelva» (Filipenses 1:6)?

Ambas promesas en realidad hablan de Dios, no de nosotros. Son recordatorios de que *Dios* es capaz, que *Dios* supera lo esperable o lo probable, que el poder de Dios está actuando en nosotros y que *Dios* es fiel para completar la obra que él comienza en nosotros. Dios es el competente.

Cuando veo las Escrituras, está claro que la capacidad tiene que ver con el llamado, más que con el talento. Dios nos llama a las circunstancias y a las vocaciones que él elige para poder mostrarse *a sí mismo* (en lugar de nuestras fortalezas) como grande y poderoso. ¿Necesitas que te convenza? Piensa en estos personajes bíblicos:

- **Rahab**, una prostituta. Fue la insólita cómplice del plan de Dios para hacer caer a Jericó y salvar a los israelitas, y está en el árbol genealógico de Jesús.
- **Pablo**, un asesino de judíos y un fariseo moralista que le entregó a Dios su vida, su prestigio y su libertad. Se convirtió en el principal misionero de la iglesia primitiva.
- **Ester**, una joven judía obligada a casarse con el rey de Persia. Fue gracias a ella, a fin de cuentas, que su pueblo fue salvado de la destrucción.

- **Pedro**, un pescador al que Jesús convocó para que fuera su discípulo. No tenía fe y negó conocer a Jesús, pero terminó siendo restaurado y llamado a edificar la iglesia.
- **María**, una joven aún soltera de Nazaret. Ella fue elegida para ser la madre de Jesús.

Dios no llamó ni a los más fuertes ni a los mejores ni a los más capacitados. Llamó a quienes se propuso moldear, formar y empoderar a pesar de su improbabilidad. Cada una de estas personas improbables que Dios usó en su historial de redención tuvo que dejar a un lado su pasado o su propio sentido de estar calificado y, simplemente, seguir la guía y el llamado de Dios para su vida.

Dirige tu mirada

Supongo que, en la actualidad, algunos tenemos dificultades para ocuparnos de nuestro llamado porque estamos obsesionados con nuestro pasado. Es difícil ver más allá de la niebla de nuestra propia opinión y superar nuestras habilidades y probabilidades.

Quizás no puedas perdonarte a ti misma por los errores que cometiste y que te atrasaron.

Quizás no puedas imaginar que alguien con tu pasado esté calificado para tu presente.

Quizás tu historia familiar te haga dudar de tu capacidad para amar bien en tu matrimonio, ser un buen líder en tu comunidad o servir bien en tu iglesia.

Pero la Biblia nos da un cristal distinto a través del cual ver nuestras capacidades. Suele mencionar: levantar la vista, fijar nuestros ojos o contemplar.

Estos son algunos ejemplos:

- «Levanto la vista hacia las montañas; ¿viene de allí mi ayuda? ¡Mi ayuda viene del Señor, quien hizo el cielo y la tierra!» (Salmo 121:1-2).
- «¡Miren! ¡El Cordero de Dios, que quita el pecado del mundo! A él me refería cuando yo decía: "Después de mí, vendrá un hombre que es superior a mí porque existe desde mucho antes que yo"» (Juan 1:29-30).
- «Por lo tanto, ya que estamos rodeados por una enorme multitud de testigos de la vida de fe, quitémonos todo peso que nos impida correr, especialmente el pecado que tan fácilmente nos hace tropezar. Y corramos con perseverancia la carrera que Dios nos ha puesto por delante. Esto lo hacemos al fijar la mirada en Jesús, el campeón que inicia y perfecciona nuestra fe. Debido al gozo que le esperaba, Jesús soportó la cruz, sin importarle la vergüenza que esta representaba. Ahora está sentado en el lugar de honor, junto al trono de Dios» (Hebreos 12:1-2).
- «Así que, todos nosotros, a quienes nos ha sido quitado el velo, podemos ver y reflejar la gloria del Señor. El Señor, quien es el Espíritu, nos hace más y más parecidos a él a medida que somos transformados a su gloriosa imagen» (2 Corintios 3:18).

Quiero que observes algo: cada vez que la Biblia nos exhorta a usar los ojos, es para dirigir nuestra mirada de lo que es obvio o aparente (lo esperado, probable o razonable) para ver, en cambio, a Dios y su punto de vista. Fuera de nuestra perspectiva y en pos de la perspectiva de Dios, donde él es el medio de provisión.

Es obvio y previsible que sumemos nuestras fortalezas, habilidades y recursos, y que evaluemos nuestra efectividad y capacidad basándonos en lo que podemos medir. No nos resulta tan intuitivo, sin embargo, aceptar nuestras insuficiencias como oportunidades para pedirle a Jesús lo que no tenemos.

Pero eso es exactamente lo que se nos ha indicado hacer.

Nuestra mirada determinará dónde vamos, tanto figurativa como físicamente. Somos gente de montaña aquí, en el Suroeste de los Estados Unidos, y cuando mis muchachos descienden de la montaña en bicicleta, hablan de lo estratégicos que deben ser en cuanto a trazar el recorrido y mantener los ojos fijos en el camino que deben seguir, en lugar de mirar lo que los haría descarrilar. Si fijas la vista en el árbol que quieres esquivar mientras andas en bicicleta por las montañas, inevitablemente, chocarás contra el árbol. Pero si miras hacia dónde quieres ir, tu bicicleta va a donde fijas tus ojos. Así también, dirigir nuestro corazón empieza dirigiendo nuestra mirada. Nuestras fijaciones se convierten en los timones que dirigen el barco de los deseos de nuestro corazón.

Dirigir nuestro corazón empieza dirigiendo nuestra mirada.

Este es un buen momento para que tú y yo nos detengamos y nos hagamos algunas preguntas:

- *¿Dónde estoy poniendo la mirada?*
- *¿Con qué tengo una fijación?*

- *¿Qué se está apoderando de mi corazón?*
- *¿Cómo considero mis dones y mis capacidades?*

He desperdiciado muchas temporadas de mi vida volteando a mirar cómo otras personas están más preparadas o más capacitadas para avanzar en obediencia. Sin duda, he conocido temporadas en las que renuncié al gozo y a la libertad de disfrutar todo lo que Dios me había dado que hacer porque me fijaba más en mis propias capacidades naturales que en la autorización sobrenatural de Dios. Me he sentido humillada, una y otra vez, al descubrir que los mismos lugares en los que me sentía incapaz, deficiente o insuficiente eran los lugares que Dios había provisto... solo que no siempre de la manera que yo esperaba que lo hiciera.

Acepta la insuficiencia

Pero ¿qué pasa si nuestras ineptitudes tienen origen en el sufrimiento o en deficiencias físicas que quizás no podemos cambiar? Son el tipo de dificultades debilitantes que no tienen fácil solución, ni siquiera con las mejores herramientas y estrategias. Y tampoco se alivian si se les da más tiempo.

Si algo se sabe del apóstol Pablo es que tenía mucho que decir sobre su posición de debilidad. Creo que Pablo tenía tantas ganas de jactarse de su debilidad porque, antes de que entregara su vida y conociera a Cristo como su redentor, había conocido lo opuesto a la debilidad terrenal.

Pablo era un líder religioso judío sumamente acreditado. Era instruido, perfecto en su conducta religiosa y respetado por su comunidad. Tenía todos los logros que hacen brillar un currículum. Si hubiera buscado tener confianza en sí mismo basándose en sus méritos, su linaje o su poder sobre los demás, sin duda la hubiera conseguido. Pero todo eso cambió cuando se encontró con Jesucristo vivo. La fuerza que había obtenido de los esfuerzos religiosos y la autoexigencia empalidecía frente a la fuerza que obtuvo de las riquezas de la gracia de Dios y el regalo del perdón y la reconciliación con Dios a causa de Cristo.

Cuando Pablo reconoció su propio pecado e insuficiencia, la fórmula religiosa para la fuerza y el poder demostró ser lo que era en realidad: inútil. En cambio, recibió las credenciales y la justificación de Jesús.

De la manera más inversa, la cual solo tiene sentido a la luz del amor de Dios, Jesús soportó la debilidad (fue ridiculizado, golpeado y magullado) para que los pecadores desamparados como tú y yo pudiéramos, en definitiva, mantenernos firmes en una relación restaurada con Dios. Y esta es la buena noticia: cuando nosotros, débiles y sin esperanza en nuestra propia fuerza, elegimos ponernos bajo la protección del perdón de Dios a través de la sangre de Cristo; nos fortalecemos en el Señor.

La esperanza del evangelio es el faro para comprender la aptitud de Pablo para aceptar la debilidad cuando Dios decide no eliminar la debilidad a la que Pablo llamaba su «espina» (2 Corintios 12:7).

> Cada vez él [Dios] me dijo: «Mi gracia es todo lo que necesitas; mi poder actúa mejor en la debilidad». Así que ahora me alegra jactarme de mis debilidades, para que el poder de Cristo pueda actuar a través de mí. Es por esto que me deleito en mis

> debilidades, y en los insultos, en privaciones, persecuciones y dificultades que sufro por Cristo. Pues, cuando soy débil, entonces soy fuerte. (2 Corintios 12:9-10)

Cualquiera haya sido la espina de Pablo, era algo que él no podía solucionar, quitar ni librarse por sus propios medios; necesitaba que el Señor interviniera. Quizás, era una dolencia física; quizás, un sufrimiento de algún otro tipo; quizás había tensión en alguna relación. No podremos saberlo mientras estemos de este lado del cielo. Pero fuera cual fuera, en lugar de quitarla, Dios decidió poner a la vista su propia fuerza a través de ella. No se deshizo de la debilidad de Pablo; la usó. El propósito de Dios al no conceder el alivio a Pablo era que Pablo considerara suficiente a Dios para las pruebas que enfrentaba.

Puede ser que no tengas que soportar los insultos, las privaciones, las persecuciones y las calamidades que soportó Pablo (o tal vez sí), pero tal vez afrontas debilidades por falta de compañía, recursos, comodidad o confianza en ti. Quizás le pediste al Señor que te quitara una espina de temor, de soledad o de falta de oportunidades. Tal vez le pediste al Señor que te quitara la espina de ser y sentirte insuficiente.

Porque tenemos el mismo evangelio que Pablo, estoy convencida de que Dios nos ofrece la misma provisión que le dio a Pablo: su fuerza se perfecciona en nuestras debilidades. Su poder se manifiesta en nuestras carencias. Él es suficiente cuando a nosotros no nos alcanza. En el reino de Dios, la debilidad es un superpoder. Porque, en el reino de Dios, fuerza y debilidad no son opuestos; van de la mano con el gobierno y el reinado de Cristo.

El Dios que demuestra ser confiable

¿Estás empezando a ver un tema constante en estas historias de insuficiencia e improbabilidad? Dios actúa sin cesar para que confiemos cada vez más en él.

Antes analizamos la improbabilidad de la promesa de Dios a Abraham y Sara, y cómo su falta reveló a propósito el plan de Dios de ser fiel en cumplir su promesa. Bien, resulta que Dios no dejó de pedirle a Abraham que confiara en él después de que naciera Isaac, el hijo de la promesa, fruto de unos padres improbables por su ancianidad. En el capítulo siguiente, Génesis 22, leemos el pedido inimaginable de Dios, una prueba para Abraham:

> Toma a tu hijo, tu único hijo —sí, a Isaac, a quien tanto amas— y vete a la tierra de Moriah. Allí lo sacrificarás como ofrenda quemada sobre uno de los montes, uno que yo te mostraré. (Génesis 22:2)

Abraham se levantó al día siguiente para obedecer las instrucciones de Dios (Génesis 22:3).

Detengámonos ahí un momento. Yo estaría preguntando: «Dios, ¿no me pediste que confiara en ti? ¿Que hiciera las cosas a tu manera? Esperé veinticinco años para recibir a este hijo, a través de quien has prometido tanto. ¿Cómo puedes pedirme que haga semejante cosa como sacrificarlo? ¡No puedo!».

Estoy segura de que la imposibilidad de la tarea y mi incapacidad para seguir hasta el final me hubieran frenado en seco. No se nos dice todo lo que pasó por la mente de Abraham, pero sí sabemos que decidió confiar en Dios y obedecer. Salió a cumplir la misión que parecía imposible en términos terrenales. Avanzó paso tras paso en obediencia, a pesar de que la tarea de seguro no tenía lógica alguna para él. Recordó que, a lo largo de su viaje con Dios, el Señor no le pidió nada de su inteligencia, sino toda su fe. Creía en Dios más de lo que confiaba en su propia sabiduría.

> Isaac se dio vuelta y le dijo a Abraham:
>
> —¿Padre?
>
> —Sí, hijo mío —contestó Abraham.
>
> —Tenemos el fuego y la leña —dijo el muchacho—, ¿pero dónde está el cordero para la ofrenda quemada?
>
> —Dios proveerá un cordero para la ofrenda quemada, hijo mío —contestó Abraham. (Génesis 22:7-8)

La fe y la confianza de Abraham en Dios me vuelan la cabeza y son un bálsamo para mi corazón. Soy rápida para temer y tiendo a abandonar el barco cuando no puedo ver más allá de las circunstancias imposibles o de mis insuficiencias. Pero Dios quería que Abraham confiara en él, que creyera en su carácter y su bondad, que caminara en fe.

Si has leído este relato en las Escrituras, ya sabes cómo termina la historia. Increíblemente, Abraham no cuestionó a Dios. Siguió las instrucciones de Dios y se preparó para hacer el sacrificio que se le pidió. En el mismo instante que Abraham levantó el cuchillo para hacer el sacrificio, Dios lo detuvo:

> «¡No pongas tu mano sobre el muchacho! —dijo el ángel—. No le hagas ningún daño, porque ahora sé que de verdad temes a Dios. No me has negado ni siquiera a tu hijo, tu único hijo».
>
> Entonces Abraham levantó los ojos y vio un carnero que estaba enredado por los cuernos en un matorral. Así que tomó

> el carnero y lo sacrificó como ofrenda quemada en lugar de su hijo. Abraham llamó a aquel lugar Yahveh-jireh (que significa «el Señor proveerá»). Hasta el día de hoy, la gente todavía usa ese nombre como proverbio: «En el monte del Señor será provisto». (Génesis 22:12-14)

Los llamados de Dios son habilitantes.

¿Te reconoces calculando tu capacidad para asumir tus llamados midiendo cosas como la popularidad, la aprobación, los recursos y el talento natural? ¿Te tienta sentirte llamado cuando tus fortalezas están a la vista y no cuando, en cambio, son tus debilidades las que se transparentan?

Abraham levantó los ojos y vio la provisión de Dios. ¿Puedes imaginar lo crucial que fue ese momento para Abraham? Quiero que observemos cuatro cosas sobre la actitud del corazón de Abraham para con Dios:

1. Abraham obedeció las instrucciones de Dios en lugar de hacer su propio plan.
2. Abraham esperó que Dios proveyera.
3. Abraham no esperó a recibir la provisión de Dios antes de obedecer.
4. Abraham confió en la sabiduría de Dios, en lugar de la propia.

¿Cómo sería eso para ti y para mí cuando nos dan tareas o un llamado para el cual no nos sentimos plenamente preparados o capaces de hacer?

Tal vez, sería como responder estas preguntas:

- *¿Qué dice la Palabra de Dios sobre cómo responder a las tareas que tengo delante de mí?*
- *¿A qué le temo en esta tarea que tengo por delante? Y ¿cómo afecta el carácter de Dios a lo que pienso sobre mi próximo paso?*
- *¿De qué manera ya ha provisto Dios para mí? ¿Estoy dispuesto a usar lo que Dios ya ha provisto?*
- *¿Estoy orando por mis próximos pasos, más que tratando de armar el plan perfecto para ejecutar?*

En la promesa que le había hecho a Abraham y su provisión para él, Dios estaba llevando a cabo un plan específico, con un propósito específico. El carácter de Dios sigue siendo el mismo mientras caminamos con él hoy. Sigue siendo el Dios que demuestra ser confiable. Sigue siendo el Dios que nos llama a más de lo que podemos manejar por nuestra cuenta para que conozcamos su fidelidad más plenamente. Sigue siendo el Dios que provee cuando no somos suficiente sin ayuda. Sigue siendo el Dios que obra todas las cosas para nuestro bien, aunque no se vean como lo esperamos.

VERDAD A LA QUE AFERRARSE

Los llamados de Dios son habilitantes.

UNA LITURGIA PARA CUANDO ESO SE SIENTE IMPOSIBLE

Oh, Dios, el que sabe infinitamente más que yo,
¿quién soy yo para decir qué es posible
y qué es imposible?
Confieso que mi métrica mide solo
lo que considero razonable, a quien creo que es digno y
cómo creo que debería ser mi historia.
Y cuando calculo mis calificaciones,
me tienta creer
que soy indispensable o
que mi improbabilidad me descalifica.
Ninguna de las dos es verdad.
Por eso, enséñame la verdadera humildad, oh, Dios,
y no permitas que siga desconfiando de ti
lo cual se disfraza de modestia.
Que pueda renunciar a todo lo que me hace parecer
idónea para el éxito
y a todo lo que me hace improbable,
ofreciendo todo a tu servicio, Señor.
Amén.

Capítulo 8

Cuando es más que una temporada difícil

He vivido la mayor parte de mi vida en el clima árido del Suroeste de los Estados Unidos y he conocido tanto la belleza como la severidad del desierto. ¡Me encanta el desierto! Después de viajar a Israel, sin embargo, descubrí una perspectiva nueva sobre el desierto. Troy y yo, junto con nuestros dos adolescentes mayores, acompañamos a algunos de mis amigos escritores y otros del mundo editorial en un viaje privado conducido por Arie Bar -David, un judío mesiánico que es hermano en Cristo. Él fue mucho más que un guía turístico: en realidad quería que la fidelidad de Dios se hiciera vívida para nosotros. Y así fue. (No todos los días logras visitar las antiguas ruinas de Masada y escuchar a tu guía turístico decir: «Cuando era niño, mi clase fue parte de la excavación de este sitio. Yo moví esas piedras que ven ahí». O, señalando la cueva en la que encontraron los Rollos del Mar

Muerto, decir: «Estuve en el Ejército israelí y una noche, durante un conflicto, nos escondimos en esa cueva que está allí»). Mi querida amiga, Ann, estaba escribiendo un libro sobre Dios como Hacedor de caminos, así que además pasamos un tiempo intencionado en el desierto, cabalgando en camellos y durmiendo en una carpa. Experimenté el desierto judío que albergó los cuarenta años de rodeos del pueblo de Israel y me maravillé.

David describió el desierto en el Salmo 63:1:

> Oh Dios, tú eres mi Dios;
> de todo corazón te busco.
> Mi alma tiene sed de ti;
> todo mi cuerpo te anhela,
> en esta tierra reseca y agotada
> donde no hay agua.

Una tierra reseca y agotada, ciertamente.

¿Y la parte más difícil? El desierto no es una temporada; la primavera no está por llegar. Al menos, no lo aparenta. Algunos estamos en un viaje ahora mismo que se siente como un anhelo continuo, una continua sed y una necesidad sin fin. Se siente como deambular en el desierto.

En el Antiguo Testamento, leemos sobre el viaje de cuarenta años que el pueblo de Dios, los israelitas, hizo por el desierto debido a su incredulidad y su desobediencia, aun después de que Dios los sacara de la esclavitud en Egipto. Aunque algunos desiertos son el resultado de la rebeldía (como lo vivió Israel), a menudo, nos encontramos inesperadamente en lugares resecos y agotados. Para algunos, se trata del desierto de una enfermedad crónica, una lucha de toda la vida o de una circunstancia de vida que parece un desierto interminable, sin ningún oasis. Para otros, el desierto es un lugar espiritualmente seco que desearían que no existiera. Un lugar árido que te tienta con la duda y el temor. Un lugar que solo representa carencia y pérdida, en lugar de libertad y florecimiento.

Los israelitas conocían bien este lugar errante. El relato del tiempo que estuvieron en el desierto no es una historia sobre nosotros, sino una descripción del corazón de Dios por aquellos que deambulan en el desierto de esperar, desear y sentirse inquietos por más. Se suponía que el desierto iba a ser un tramo breve del viaje de camino a la Tierra Prometida, pero cuarenta años después se convirtió en una metáfora de la provisión absoluta y la salvación de Dios. Su carácter expuesto en el desierto era un recordatorio constante para un pueblo incrédulo y autosuficiente: dado que Dios ha sido fiel en el pasado, hará lo que dice que va a hacer en el futuro.

¿Alguna vez te has preguntado qué buscaba Dios en el desierto? No lo olvidemos: los cuarenta años de deambular en el desierto sucedieron *después* de que Dios abriera milagrosamente el mar Rojo. Los israelitas ya habían enfrentado lo imposible y habían visto a Dios hacer un camino a través de paredes de agua a su derecha y a su izquierda para llevarlos a salvo al otro lado y sacarlos del alcance de sus perseguidores, los egipcios. Los israelitas habían presenciado milagro tras milagro. Se les había prometido una tierra llena de leche y miel y estaban listos para ella. Pero cuando por fin parecía que era su momento, encontraron un *todavía no*. Todavía no recibirían la bendición de la Tierra Prometida. Todavía no florecerían, todavía no se asentarían, todavía no estarían del todo satisfechos.

¿Por qué el desierto? ¿Por qué no a la Tierra Prometida de inmediato?

Porque Dios buscaba su corazón. Su confianza. Su convicción. Su fe. Y su obediencia como fruto.

El desierto resultó ser un lugar poderoso de propósito para el pueblo de Dios. ¿Recuerdas cómo Dios los mantuvo en el desierto, incluso cuando refunfuñaban y se quejaban? Dios proveyó para ellos todos los días: con el maná y las codornices por alimento, el agua limpia y su protección y su guía. Pero fíjate que esta provisión fue para conducirlos a la dependencia y para que se percataran de su presencia. Tuvo el propósito de llevarlos a confiar más en Dios, más que en sus propios recursos.

Los israelitas querían llegar donde estaban destinados a ir, pero Dios quería que su corazón estuviera donde tenía que estar: solo con él. En Éxodo 6:7, Dios les dijo: «Te tomaré como pueblo mío y seré tu Dios. Entonces sabrás que yo soy el Señor tu Dios, quien te ha librado de la opresión de Egipto».

Todas y cada una de las formas en que Dios se encontró con los israelitas en el desierto tuvieron el propósito de mostrarles que estaban seguros bajo su cuidado. Que solo tenían que deponer su confianza en sí mismos y creer que Dios era quien afirmaba ser. Confiar en que él haría lo que decía que haría y, en respuesta, obedecerlo porque confiaban en él más de lo que confiaban en sus propios caminos.

Es fácil para mí cuestionar la capacidad de los israelitas de confiar en Dios, obedecer sus mandamientos y dejar de quejarse a la luz de todo lo que él ya había hecho. Luego, miro mi propia vida y cómo reacciono a mis idas y vueltas por el desierto. ¡Puf!

Desmemoriada de la fidelidad de Dios, rápida para evaluar mi situación y creer inequívocamente que no sobreviviré: así es como a menudo reacciono.

Dime que no soy la única.

En mi defensa (y en solidaridad con los israelitas), es difícil dejar de medir los resultados según los recursos con los que cuentas cuando te has pasado gran parte de la vida creyendo que tu esfuerzo te llevará a donde quieres ir. No es así. Entonces, el desierto te enseña lo que quizás no aprenderías de otro modo.

Dios nos permite sentir la desesperación estéril en el desierto para que podamos correr al oasis de su provisión. Queremos su provisión y el alivio que traerán sus bendiciones, pero no queremos el desierto que nos enseña sobre la gran necesidad que tenemos de él.

Dios nos permite sentir la desesperación estéril en el desierto para que podamos correr al oasis de su provisión.

Queremos confiar, pero no queremos las dudas que nos llevan hasta allí.

Queremos ver que Dios provee, pero no queremos las insuficiencias que demuestran su fidelidad.

Queremos una fe más grande, pero no queremos las incógnitas que preparan el terreno.

Queremos la salvación sin el desierto.

Pero Dios planea a propósito los desiertos para atraernos hacia él.

Es natural que queramos salir del desierto lo más rápido posible. De ese trabajo que no inspira, de la muerte de amigos importantes, de una temporada espiritualmente seca, del páramo de sueños destruidos y expectativas insatisfechas. *¡Sáquenme de aquí!*

Puede parecer que el desierto mismo es la causa del dolor, pero, en realidad, el desierto a menudo sirve para revelar un problema del corazón: aquello que creemos indispensable para ser felices. En otras palabras, a veces, el desierto demuestra las comodidades, los ídolos y los tesoros en los que nos estamos apoyando.

Escribo este libro pocos años después de la pandemia mundial del COVID-19 y puedo decir, sin temor a equivocarme, que en su punto álgido la pandemia se sintió como un desierto lleno de pérdida, caos, confusión y aislamiento. Para muchos, fue un desierto que dejó al descubierto para qué vivíamos, de qué dependíamos o sin qué cosas no podíamos ser felices.

Si encontrabas la felicidad en las amistades y manteniéndote ocupado con compromisos sociales, este desierto inesperado amenazó esa felicidad.

Si acudes a tus logros y a tu trabajo para sentirte realizado, este desierto riguroso dio lugar a sentimientos de no tener propósito.

Si necesitabas la aprobación de los demás para sentirte valioso, este fue un desierto que te dejó inseguro y expuesto.

La ansiedad, el miedo y la desesperanza eran las respuestas naturales, pero la pandemia global también reveló los ídolos menores en los que solemos buscar nuestra comodidad pero que no podemos encontrar en el desierto.

A punto de entrar en la Tierra Prometida, Moisés grabó esta enseñanza en los corazones del pueblo de Dios:

> Sí, te humilló permitiendo que pasaras hambre y luego alimentándote con maná, un alimento que ni tú ni tus antepasados conocían hasta ese momento. Lo hizo para enseñarte que la gente no vive solo de pan, sino que vivimos de cada palabra que sale de la boca del Señor. (Deuteronomio 8:3)

Y la advertencia de Moisés al pueblo para cuando el «terrible desierto» (Deuteronomio 8:15) no fuera más su realidad, debería ser nuestra también:

> Ten cuidado de no olvidar al Señor tu Dios [...]. Todo esto lo hizo para que nunca se te ocurriera pensar: «He conseguido toda esta riqueza con mis propias fuerzas y energías». (Deuteronomio 8:11, 17)

La enseñanza que aprendemos de los desiertos de nuestra vida es que, en verdad no vivimos solo de pan, ni de ninguna otra comodidad, satisfacción o bien terrenal. Nuestro sustento solo proviene de Dios. El desierto puede ser poco grato, pero tiene un propósito.

El hambre que lleva a la verdadera satisfacción. La desesperación lleva a la dependencia. El desierto lleva a la tierra prometida de la salvación de Dios. Dios se encuentra con nosotros en el desierto.

Dios no espera encontrarse contigo en el *todavía no* de la tierra prometida: él quiere que tú lo encuentres en el *ya* de fidelidad.

Esto es porque el deseo de Dios para su pueblo (para nosotros que somos sus hijos ahora a causa de la vida, la muerte y la resurrección de Jesús) es ser nuestro Dios. Y que nosotros seamos su pueblo. Esto es el corazón de la historia redentora de Dios.

Pero ¿qué pasa si él parece estar callado en este momento? ¿Y si el desierto no es temporal?

Te entiendo. Si bien muchos de nuestros todavía no serán revelados con el tiempo, muchos de los ya de la vida continuarán. No pretenderé saber todo lo que puedes estar soportando ni cuáles ya no deseados estás enfrentando. Y no puedo prometerle a nadie, incluyéndome a mí misma, que lo mejor está por venir. Pero esto podría ser la esencia misma de lo que anhelo compartir contigo en este viaje:

Podemos perseverar en todo lo que todavía no es, y quizás nunca lo sea, en nuestras circunstancias actuales, cuando conocemos al Dios que está transformándonos ahora mismo, porque él ha prometido un día cambiar todo lo que está sin resolver.

La esperanza que tenemos en el desierto es la garantía de que Dios nunca nos dejará, nunca renegará de nosotros y nunca nos enviará a un lugar donde él no vaya con nosotros.

Entonces, ¿qué tipo de cosas prácticas podemos hacer ahora, cuando todavía estamos en el desierto?

1. Camina con un amigo fiel. Cuéntale a alguien.
2. Aliméntate todos los días con recursos espirituales sustanciales (no te preocupes por el mañana; recibe el maná hoy).
3. Genera ritmos que te ayuden a acordarte de Dios (por ejemplo: una buena lista de reproducción de himnos, una caminata diaria para orar, escribir un diario personal, rememorar a diario su fidelidad).
4. Pídeles a los demás que te digan la verdad.

Si tu momento presente te parece un desierto, quiero que sepas que no debes esperar hasta encontrar un oasis. Ahora mismo no estás sin recursos. Quiero que veas algo del corazón de Dios a lo largo de las Escrituras.

Repasemos el Salmo 63, escrito por David, quien vivió años en el desierto huyendo del rey Saúl. Él nos dio un punto de partida para los rodeos que tendremos en nuestro propio desierto:

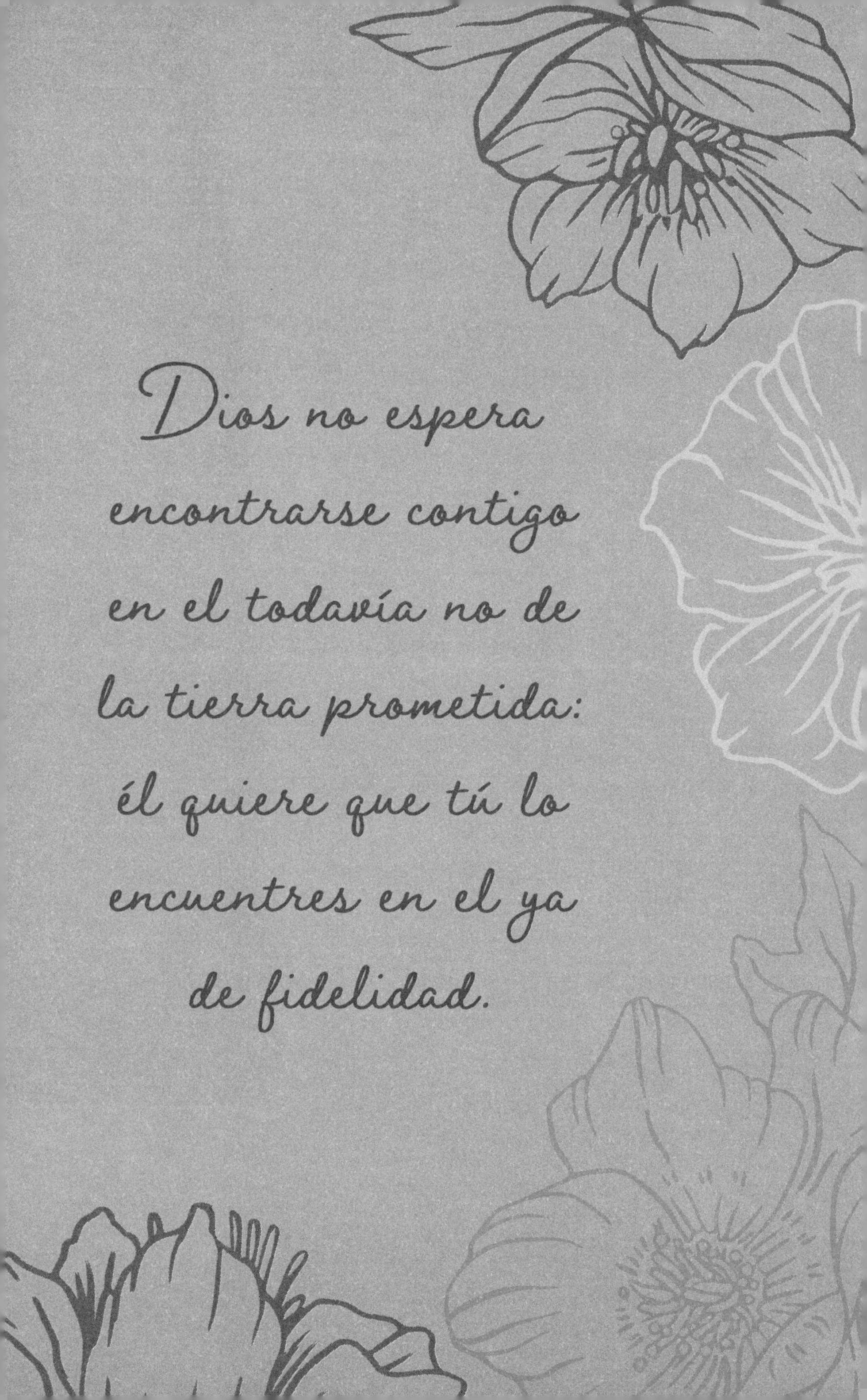

Dios no espera encontrarse contigo en el todavía no de la tierra prometida: él quiere que tú lo encuentres en el ya de fidelidad.

Oh Dios, tú eres mi Dios;
  de todo corazón te busco.
Mi alma tiene sed de ti;
  todo mi cuerpo te anhela
en esta tierra reseca y agotada
  donde no hay agua.
Te he visto en tu santuario
  y he contemplado tu poder y tu gloria.
Tu amor inagotable es mejor que la vida misma;
  ¡cuánto te alabo!
Te alabaré mientras viva;
  a ti levantaré mis manos en oración.
Tú me satisfaces más que un suculento banquete;
  te alabaré con cánticos de alegría.
Recostado, me quedo despierto
  pensando y meditando en ti durante la noche.
Como eres mi ayudador,
  canto de alegría a la sombra de tus alas.
Me aferro a ti;
  tu fuerte mano derecha me mantiene seguro.
    (Salmo 63:1-8)

David usó muchas palabras de acción para describir su reacción al estar en una tierra reseca y agotada donde no hay agua. ¿Las notaste?

- Busco a Dios.
- Contemplo a Dios.
- Alabo a Dios.
- Levanto mis manos.

- Pienso en Dios.
- Medito en Dios.
- Canto de alegría.
- Me aferro a Dios.

Son instrucciones que él le daba a su propia alma sobre cómo adorar a Dios, aun en el desierto. Especialmente en el desierto.

En esta lista, hay una palabra en particular que sobresale para mí: *meditar*. Cuando David dice: «Recostado, me quedo despierto pensando y meditando en ti durante la noche», yo asiento a sabiendas. ¿No son siempre las temporadas del desierto las que te despiertan a la mitad de la noche con la tentación de la desesperación?

David usaba esa oportunidad a la mitad de la noche para meditar en Dios, para recordarse a sí mismo que el Señor había sido su ayuda. La palabra hebrea de la que sacamos *meditar* en este salmo es la misma palabra para *regurgitación*. Sí, así es.

Esta palabra tiene su raíz en el proceso digestivo del ganado. Luego de la ingesta, la comida entra en la cavidad del primer estómago, llamada *herbario*, donde se digiere en parte. La comida que requiere más digestión se llama *bolo alimenticio*. Los animales regurgitan el bolo alimenticio para masticarlo otra vez. Mezclan el bolo con la saliva y lo rompen en partículas más pequeñas, lo cual facilita la absorción nutricional. Este proceso se denomina *rumiar*.

Resulta que rumiar es más que simple introspección. Meditar no se trata solo de tener pensamientos profundos, sino de recordar verdades, de procesarlas una y otra vez. Esta definición me resulta sorprendentemente liberadora porque me indica que David no entendía ni recordaba automáticamente las verdades que necesitaba saber. Debía decidir repasar, volver a conectarse, repetir voluntariamente y... bueno, regurgitar las verdades. Rumiarlas.

No descansamos simplemente en la satisfacción y la esperanza. Elegimos dejar que el recuerdo de las provisiones de Dios en el pasado nos informe sobre su fidelidad en el futuro. Es por esa razón que al pueblo de Dios se le había enseñado a recordar una y otra vez.

Considera esto: de todas las maneras en que Dios podría haberse encontrado con su pueblo en el desierto, eligió relacionarse con ellos día a día. Cuando Dios proveyó el maná, decidió hacerlo a diario. Ellos no tenían que trabajar por él, ganárselo o abastecerse del maná. De hecho, no podían hacerlo. Su provisión era entregada todos los días porque Dios deseaba que dependieran de él todos los días.

No te pierdas los paralelos con nuestro caminar con Cristo en la actualidad. Dios nos llama constantemente a administrar lo que nos ha dado para hoy. Ya. Ahora mismo.

¿Podría ser que el desierto que atravesamos ahora esté preparándonos para las promesas a las que todavía no tenemos acceso? ¿Podría ser que el desierto actual sirva para erradicar toda forma de autosuficiencia, para que puedas tener hambre de él, más que de la comodidad? ¿Te está ayudando a ansiar el agua de la Palabra, en lugar de un oasis inventado al que, de otro modo, podrías acudir?

Si el anhelo de Dios es ser nuestro Dios y que nosotros seamos su pueblo, no se detendrá ante nada para acercarnos a él, ahora mismo... porque él está preparándonos para mucho más.

VERDAD A LA QUE AFERRARSE

Dios usa el desierto no para dañarnos, sino para formarnos.

Oh, Señor, nos hiciste tener sed solo de ti,
y, sin embargo, en los lugares desérticos de nuestra vida,
tendemos a creer que algo menos que
el Agua Viviente servirá.
No es extraño que decidieras llevar a tu pueblo a través,
en lugar de rodear al desierto.
¿De qué otra forma podríamos descubrir que tú eres
suficiente
cuando experimentamos
desolación,
desesperación,
y abandono?
Que yo no deambule sin propósito en mi desierto,
oh, Señor.
Dame el sustento del maná de tu Palabra.
Déjame repetirlo, saborearlo y volver a él
como quien no olvida una comida sustanciosa.
Usa la aspereza de mi posición, vocación
o relaciones actuales para liberarme
de los dioses falsos de la comodidad, la facilidad y la
abundancia.
Atrae mi corazón para que dependa más
del oasis de tu cuidado por mí.
Amén.

Capítulo 9

Las historias que nos contamos a nosotros mismos

Si vienes a Colorado, Estados Unidos, durante el verano y pasas una semana con mi familia, es probable que te obliguemos a cruzar uno de los pasos de montaña cercanos con nosotros en algún vehículo con tracción cuatro por cuatro. Los caminos angostos no están pavimentados, tienen baches y, a veces, están demasiado cerca del borde de los precipicios y las caídas empinadas de la ladera de la montaña. Manejar un todo terreno en las montañas requiere cierta habilidad al volante y, por supuesto, un vehículo confiable, con despeje al suelo (aunque una vez escoltamos con éxito a un minúsculo Chevy Spark por un camino de montaña muy ventoso, inestable y de un solo carril, después de que su conductor calculara mal el camino).

Estas aventuras de montaña se han convertido en uno de mis pasatiempos favoritos, aunque no siempre lo fueron. De hecho, hace dos décadas atrás, la primera vez que vivimos en esta parte de Colorado, pasar un día en un vehículo siendo zarandeados por los ventosos senderos de montaña me parecía una total pérdida de tiempo. A mi esposo, Troy, le encantaba, pero yo no podía entender qué le atraía. Él lo llamaba «aventura». Se sentía desafiado y vivo en las montañas. Lo motivaba ver y presenciar partes vírgenes de la creación.

Yo tenía una descripción completamente diferente de andar en todoterreno. Era más o menos así:

Tengo demasiado que hacer durante el fin de semana como para pasar un día entero en las montañas. ¡Tengo proyectos que terminar!

Andar en todoterreno no es productivo, salvo que consideres que llegar del punto A al punto B en seis horas yendo a paso de tortuga es productivo. Encima, es incómodo y peligroso. ¡Me refiero a que podrías pinchar un neumático, tener una lesión cervical o caer por un precipicio!

Además, no hay baños en todo el camino ni un minimercado donde comprar una bolsa de papas fritas o una botella de agua mineral ni ningún restaurante en la cima de la montaña.

Una vez que llegas a la cima de donde estás yendo, ¡el aire es escaso y frío! Me dolerá la cabeza por el resto del día.

Además, como no manejo, tengo que confiar en Troy; mi vida está literalmente en sus manos. Hay demasiadas variables fuera de mi control.

No la paso bien si quedo atrapada en las montañas, sin alimento y sin la absoluta seguridad de que no sucederá nada malo cuando no tengamos señal con el celular. Yo no sirvo para esto. No puedo. Es demasiado para mí.

Lamentablemente, no solo pensaba estas cosas; muchas veces, las decía en voz alta. Pero Troy me animaba suavemente y tomaba medidas preventivas para algunas de mis preocupaciones.

Aprendí a empacar una nevera portátil llena de bebidas y colaciones. Armaba listas de canciones que se convirtieron en una parte divertida del viaje. Llevaba conmigo ibuprofeno y bebía mucha agua. Me aprovisionaba de un rollo de papel higiénico para las paradas «técnicas» al aire libre. Llevaba una muda de calzado y una campera gruesa para cuando las temperaturas cambiaban con la altura.

Planeamos paseos con amigos, tanto por seguridad como para crear relaciones. Aprendí a comunicar mis temores y a escuchar las instrucciones de seguridad de Troy. Llevaba un transmisor -receptor portátil para cuando no teníamos servicio con el celular, y siempre teníamos un neumático de auxilio y herramientas a mano.

Cambié muchas logísticas, pero el mayor cambio fue la narrativa que repetía. Lo que decidí pensar, a la larga, cambió mi parecer sobre los viajes en todoterreno. Y no me limité a apretar los dientes y reescribir el guion de lo que estaba sintiendo. En lugar de eso, tuve que:

1. Intentarlo
2. Sopesar por qué valía la pena
3. Reorientar mi narrativa según lo que era cierto, considerando otras cosas y no solo mi temor y mi incomodidad

Así es como me fue:

Empecé a ir (llevando todas las provisiones logísticas, haciendo las mejores estimaciones que podía) con la mente abierta para experimentar lo que creía que era una pérdida de tiempo. Sin duda, ayudó el hecho de llevar papas fritas y agua gasificada. Al igual que escuchar música de alabanza. Una vez que se terminaron las distracciones de las listas de cosas pendientes, los correos electrónicos y las notificaciones a las afueras de la ciudad, empecé a levantar la vista, literal y figurativamente.

Miré arriba y afuera de la ventanilla, hacia la majestad de la creación de Dios. Vi formaciones de nubes que nunca había notado antes. Descubrí parcelas de musgo verde y cosas vivas encima de la línea de los árboles, donde no esperarías que algo pudiera crecer. Experimenté varias estaciones del año en un solo día, comenzando por el resplandor y el calor del verano, hasta los picos nevados de más de cuatro mil metros de altura al mediodía.

Salí del auto, paseé por los ríos y recogí frambuesas silvestres a la vera del camino. Escuché a las marmotas. Pasé mis dedos por los tréboles y estudié las flores de la pradera. Aprendí a inspirar hondo y giré los 360 grados para tener la vista completa cuando llegamos a la cima. Miré hacia arriba, miré hacia afuera y, a la vez, miré hacia adentro de una manera diferente.

Resulta que superar mis temores y molestias fue más valioso de lo que podría haber imaginado, en especial si nunca hubiera salido de casa ni intentado cambiar mi punto de vista y mi opinión sobre las aventuras en las montañas.

No es que de pronto me volví una aventurera nata para hacer todoterreno o que me convertí en una montañista recia. Aunque todavía prefiero un día de espá o disfrutar de un paseo sin prisa por las tiendas elegantes, se dio vuelta toda la perspectiva que tenía y, en definitiva, mi verdadera narrativa sobre las aventuras todoterreno.

¡Logré ver la creación de Dios de una manera nueva!

Estoy en una aventura que me exige salir de mi comodidad y me hace valiente.

¡Estoy reentrenando mis ojos y mi mente para que se concentren en otra cosa que no sea mi trabajo!

Estoy desarrollando mi asombro y amor por el Señor.

Estoy aprendiendo sobre la provisión de Dios y sus caminos mientras observo cómo él se ocupa hasta de las zonas más alejadas de la creación.

Logro disfrutar del tiempo con mis muchachos en su hábitat más natural.

Estoy creando recuerdos, algunos de los cuales no tendría si no hubiera estado en situaciones inesperadas y llenas de suspenso.

No es necesario que tenga madera para algo; puedo estar en proceso.

No debo temer por no tener el control; puedo confiar en la sabiduría de alguien que me ama y se preocupa por mí.

¿Notaste hasta qué punto no soy naturalmente buena para disfrutar del guion de esta actividad familiar y tuve que cambiar? En la actualidad, casi veinte años después, pasar un día dedicado a recorrer una subida difícil a través de un paso de montaña es una de mis formas favoritas de pasar el día para reposar mi corazón esforzado, para recordar que Dios mantiene unidas todas las cosas y para dar lugar a un tiempo de calidad con mis hijos. Todo porque por fin considero una situación incómoda una oportunidad que vale mucho la pena.

Las circunstancias y las temporadas de nuestra vida son más complejas que superar el fastidio de los caminos irregulares y las grandes altitudes. Pero las historias que nos contamos a nosotros mismos sobre lo que estamos pasando tienen correlación directa con cómo perseveramos, cómo insistimos y cómo progresamos en cualquier circunstancia.

Hasta ahora, mi objetivo a lo largo de estas páginas ha sido ayudarte a cambiar tu perspectiva sobre por qué este momento importa. Por qué no está desaprovechado. Por qué son necesarias todas las capas de tu historia. Por qué no quieres pasar sin esfuerzo o saltearte a las partes en las que preferirías florecer. Pero si algo temo es que cambiemos la perspectiva solo momentáneamente y sigamos pasando la mayoría de nuestros días olvidando la verdad. Olvidaríamos por qué nos regocijamos, perseveramos, nos mantenemos fieles, permanecemos y construimos diligentemente donde estamos.

A estas alturas de nuestro viaje, quiero decirte algo que espero no se te escape: la lucha por seguir adelante y estar presente en tu momento actual es una guerra; no es algo que suceda automáticamente. Es cierto, hemos hablado sobre cómo importa tu momento presente, de qué manera tus temporadas tienen propósito, cómo no encontrarás descanso ni satisfacción en ninguna otra cosa más que en Jesús y cómo la fidelidad cotidiana determina en quién te convertirás mañana. Pero, en realidad, podemos creer todas esas cosas y, aun así, no vivir de manera diferente hoy si no alineamos nuestros pensamientos con lo que es verdadero.

> La lucha por seguir adelante y estar presente en tu momento actual es una guerra; no es algo que suceda automáticamente.

Paso mis días dirigiendo a un grupo de mujeres y creando recursos para mujeres. Lo que veo una y otra vez es que —a pesar de todos los recursos que hay para que cumplan sus sueños, encuentren su propósito y vivan una vida mejor— muchas mujeres siguen exhaustas. Están atrapadas en la trampa de la preocupación y la comparación, tan ansiosas porque sus circunstancias cambien que pasan por alto los propósitos de Dios para su vida presente, su ahora mismo.

Si es cierto que actuamos según nuestras creencias, lo que nos decimos a nosotros mismos sobre nuestras circunstancias presentes es más poderoso de lo que nos damos cuenta.

Hay una guerra diaria por tu apego y tu atención, y es constante, porque los dispositivos electrónicos que te acompañan en todo momento suelen ser el lugar de donde proviene el ataque. Esta disputa continua por tu apego es tan ubicua que, de hecho, hay un término cultural para las personas que la realizan: se llaman influyentes.

Estoy segura de que sabes qué es un influyente, pero para que estemos en sintonía, permíteme describir a qué me refiero. Un influyente es cualquiera que procura que te unas a él, o ella, para convencerte de que compres algo que le gusta o moldear tu pensamiento para que respondas de un modo específico (por lo general, beneficioso para ellos). No es una sorpresa que a los influyentes les ofrezcan grandes sumas de dinero cuando se trata de auspicios y anuncios publicitarios por productos específicos.

Tú y yo somos influenciados por las palabras que leemos, la música que escuchamos, las imágenes que vemos y las conversaciones que tenemos con nuestros amigos. Estamos bajo la influencia de las redes sociales, los líderes eclesiásticos, los miembros de la familia y nuestras celebridades e íconos preferidos. El flujo continuo de información nos estimula a abrazar la vida que se nos ofrece o a seguir deseándola. Pero de lo que quizás no nos demos cuenta es de la voz que tiene mayor influencia en nuestra vida.

Paul David Tripp nos dijo quién es: «Nadie es más influyente en tu vida que tú porque nadie te habla más que tú mismo»[1].

Eres la persona más influyente de tu vida. Eso es porque escuchas todo el tiempo las conversaciones que se dan dentro de tu cabeza, los relatos que te cuentas y lo que piensas sobre tu cuerpo, tu mente, tus amistades y tus circunstancias difíciles. Nunca progresarás en una circunstancia o una temporada que todavía no es lo que esperabas si no cambias tu perspectiva sobre tu vida actual.

Sé que, si es por mí, repetiría todas las falsedades sobre mis ya y mis todavía no. A menos que reescriba los guiones que uso para relatar mi vida cotidiana, me contaré historias que no son ciertas sobre mis circunstancias.

Si me escuchaste en el pódcast de *GraceLaced* o hiciste mi estudio bíblico *Llenas de verdad*[2], sabes que predicarme la verdad a mí misma es una práctica que me cambió la vida y me enseñó a perseverar aunque fuera difícil. Predicarte la verdad quiere decir llevar cautivos tus pensamientos para recordarle a tu alma quién es Dios, quién eres tú en Cristo y qué es realmente verdadero en los propósitos que él tiene para tu vida.

Cuando dejes este libro a un lado y vuelvas a tu vida cotidiana (llena de factores de estrés, relaciones complicadas, tentaciones y decisiones importantes), no te saldrá de manera natural pensar con el enfoque correcto sobre el momento presente, a menos que tengas la costumbre de predicarte la verdad.

Predicarte la verdad es la forma en la que peleas en la lucha por tu atención y apego.

Predicar la verdad es una acción proactiva; es decir, no sucede automáticamente. Cuando nos predicamos la verdad, efectivamente, cambiamos la narrativa en nuestra mente. Elegimos alimentarnos de lo que Dios dice sobre quién es él y quiénes somos nosotros, en lugar de dejarnos persuadir por todas las influencias que compiten por nuestra atención, intentando cobrarse nuestra vida.

He pasado tantos días sintiéndome atrapada en la temporada en la que estoy, escuchándome a mí misma, en lugar de predicarme la verdad. ¡Y quiero más para ti, querida lectora, querido lector! Porque...

- No estás desamparado contra las estrategias del Enemigo para hacerte descarrilar.
- No careces de recursos en las temporadas más difíciles.
- No tienes que dejar que tus sentimientos y tus miedos te dominen ni gobiernen tu mente.

Puede ser que la historia que te cuentas a ti mismo sobre el momento presente no esté del todo equivocada, pero es incompleta. No estás viendo la imagen completa, y es probable que lo que sí ves y te dices a ti mismo se quede muy corto de todo lo que Dios tiene para ti. ¿Cómo lo sé? Porque yo también me contaba historias incompletas e imprecisas sobre mi vida. Y luego vivía según esos falsos relatos. Pero podemos aspirar a algo mejor.

Desalineado

En los capítulos anteriores, he usado algunas veces la palabra *realinear*, ahora me gustaría desarrollarla. Podemos desalinearnos espiritualmente, así como lo hace nuestro cuerpo cuando algo está fuera de lugar físicamente. ¿Cuáles son los síntomas de estar desalineado? El dolor y la falta de movilidad. Para que los cuerpos funcionen adecuadamente, sus diversas partes deben estar alineadas. Cualquiera de los componentes que esté desalineado causará no solo la falta de movilidad, sino también una potencial lesión.

Hace poco, una kinesióloga me dijo (luego de identificar lo inmóvil que estaba mi hombro y lo tensa que tenía la base del cuello): «Cuando funcionas reiteradamente desalineada, estás entrenando a tu cuerpo a compensar la lesión con más daño».

¡Vaya! Se refería a las largas horas que paso frente a la computadora con una mala postura.

Curiosamente, un artículo que leí describía cómo nuestra columna vertebral se desalinea de esta manera:

> La columna vertebral se desalinea porque el sistema nervioso (cerebro y nervios) queda atascado en un estado tenso o de estrés. Una mayor tensión nerviosa provocará que los músculos se pongan más tensos. Luego, esta tensión muscular extra desalineará las vértebras y causará una mala postura. Además, la tensión muscular adicional hará que la columna se ponga rígida y menos flexible[3].

Antes de continuar, voy a esperar un momento hasta que te levantes y estires tu espalda. ¡Yo lo hice cuando leí esa descripción!

Atascado en un estado tenso o de estrés que, como resultado, provoca que la columna vertebral se desalinee. No suena distinto a nuestras emociones y pensamientos ansiosos. El miedo y la preocupación a menudo nos ponen tan nerviosos y estresados que nuestros pensamientos empiezan a desalinearse de lo que Dios dice que es verdad.

¿Cómo llegamos a este estado? Creo que hay dos razones principales:

Primera razón: permitimos que nuestros sentimientos nos dominen.
Segunda razón: no conocemos la verdad en realidad.

No permitas que tus sentimientos te dominen

Analicemos la primera razón por la que a veces nos contamos historias falsas a nosotros mismos. Nuestros sentimientos y emociones son poderosos. Fuimos creados para experimentar una gama completa de emociones. Agradezco que tengamos un registro de las más profundas emociones de David a lo largo de los numerosos salmos que escribió. ¿Acaso no te deja la sensación de ser normal cuando usa frases como «porque estoy solo y profundamente angustiado» (Salmo 25:16)? Los autores del libro de Salmos expresaron una amplia gama de emociones: desde la ira hasta la paz, la tristeza hasta la alegría, el desaliento hasta la confianza en sí mismos, la vergüenza hasta el temor reverencial, el miedo hasta el júbilo. Sintieron todos los sentimientos.

Pero no permitieron que los sentimientos los consumieran cuando esas emociones estaban desalineadas con las obras fieles de Dios. En lugar de dejar que sus sentimientos les dictaran posibles historias de desesperación o derrota, revirtieron la posición sobre sus circunstancias y le dijeron a su propia alma qué recordar sobre la fidelidad de Dios; se predicaron la verdad a sí mismos.

El Salmo 77 es un ejemplo increíble de revertir el guion de una temporada difícil. En la primera mitad (versículos 1 al 10), el salmista clamó con lamento y aflicción. Luego, en la segunda mitad, se recordó a sí mismo la fidelidad y las obras soberanas (versículos 11 al 20). Pasó de preguntarse si sobreviviría, a declarar que Dios conduce y nunca le falla a su pueblo:

> Toda la noche oré con las manos levantadas hacia el cielo,
> pero mi alma no encontró consuelo. (Salmo 77:2)

a...

> Siempre están en mis pensamientos;
> no puedo dejar de pensar en tus obras poderosas.
> Oh Dios, tus caminos son santos.
> ¿Existe algún dios tan poderoso como tú?
> (Salmo 77:12-13)

a...

> Te abriste camino a través del mar
> y tu sendero atravesó las poderosas aguas,
> ¡una senda que nadie sabía que estaba allí!
> Guiaste a tu pueblo por ese camino como un rebaño de ovejas,
> con Moisés y Aarón de pastores. (Salmo 77:19-20)

¡Vaya cambio de perspectiva cuando el salmista empezó a repetir las verdades de los caminos de Dios y recordó lo que él ya había hecho!

Si esperamos revertir el guion sobre nuestras temporadas difíciles, debemos evaluar si nuestros sentimientos nos dicen la verdad o si susurran mentiras. Si escuchamos más lo que nos decimos que la verdad, podríamos estar dando permiso a que nuestros sentimientos nos dominen.

Conoce la verdad sobre tu *ya*

La segunda posible razón por la que nos contamos historias falsas sobre nuestras circunstancias presentes es que, a veces, en realidad no sabemos la verdad. Para que realineemos las historias que nos contamos a nosotros mismos con la verdadera historia de la Palabra de Dios, tenemos que saber qué nos dice en realidad sobre el presente de nuestra vida. Nunca revertiremos el guion de las historias que nos contamos a menos que recibamos historias verdaderas y confiables para reemplazar las que repetimos en nuestra mente.

Más que encontrar la verdad de lo que Dios está haciendo, debemos creer seriamente que lo que él está haciendo es verdadero en y para nosotros en lo personal. Creo que por ese motivo los autores del Nuevo Testamento siguieron tan a menudo un esquema: reconocer las dificultades, decir la verdad de Dios en medio de las circunstancias difíciles y recordarle a su auditorio quiénes eran ellos por causa de Cristo. La verdad sobre quién es Dios y quiénes somos nosotros en él cambia toda nuestra manera de pensar acerca del momento presente, nuestro ya.

Entonces, ¿qué te parece un rápido estudio de lo que la Biblia menciona acerca de tu presente?

1. Tu temporada difícil es, en definitiva, leve y pasajera

En 2 Corintios, Pablo reconoció el sufrimiento y la persecución que él y otros soportaban como ministros del evangelio. Describió su situación como «afligidos en todo, pero no agobiados; perplejos, pero no desesperados; perseguidos, pero no abandonados; derribados, pero no destruidos» (2 Corintios 4:8-9, LBLA). ¿No te fascina cuán auténtico era Pablo? No suavizó lo desalentador o difícil que era mantenerse fiel y firme en su llamado cuando sufría presión y obstáculos de todos lados. Pero eligió contrarrestar la desesperación de su situación con la esperanza de su realidad en Cristo.

> Por tanto no desfallecemos, antes bien, aunque nuestro hombre exterior va decayendo, sin embargo nuestro hombre interior se renueva de día en día. Pues *esta* aflicción leve y pasajera nos produce un eterno peso de gloria que sobrepasa toda comparación, al no poner nuestra vista en las cosas que se ven, sino en las cosas que no se ven; porque las cosas que se ven son temporales, pero las que no se ven son eternas. (2 Corintios 4:16-18, LBLA)

Pablo llamó a su aflicción «leve» y «momentánea». ¿Por qué? Porque veía el cuadro completo, las realidades espirituales de la situación: aflicción exterior, progreso interior; sufrimiento temporal, gloria eterna.

¿Ves lo que hacía Pablo? ¡Le predicaba a su propio corazón y revertía el guion sobre lo que era verdadero de sus circunstancias! Y, al hacerlo de esa forma, animaba a sus lectores y les mostraba el camino de vuelta a la esperanza del evangelio.

Fácilmente (y con justificación) podría haber dicho: «Yo no merezco ser tratado así. Esto es insoportable e injusto». Pero, en cambio, eligió la narrativa dirigida hacia Cristo para las circunstancias difíciles: «Por tanto no desfallecemos [...]. Pues *esta* aflicción leve y pasajera nos produce un eterno peso de gloria que sobrepasa toda comparación».

Es como si estuviera declarando: «Estamos bien. No nos vamos a rendir. En realidad, no estamos condenados. Ni de casualidad. De hecho, ¿vieron toda porquería que estamos atravesando? En verdad, es buena para nosotros; está preparándonos para el cielo».

¡Ah, quién tuviera la perspectiva de Pablo!

2. Tu temporada difícil está refinándote

Veamos ahora qué tenía Pedro que decir sobre estas temporadas difíciles:

> En esto se alegran, a pesar de que por ahora, si es necesario, estén afligidos momentáneamente por diversas pruebas, para que la prueba de su fe —más preciosa que el oro que perece, aunque sea probado con fuego— sea hallada digna de alabanza, gloria y honra en la revelación de Jesucristo. (1 Pedro 1:6-7, RVA-2015)

En este pasaje, Pedro estaba relatando la situación actual que vivían los hermanos creyentes en el destierro, quienes estaban lejos de casa: afligidos y luchando con diversas pruebas. Y ¡Pedro afirma que pueden alegrarse! ¿En qué? Bueno, fíjate lo que viene justo antes de esos dos versículos:

> Bendito sea el Dios y Padre de nuestro Señor Jesucristo, quien según su grande misericordia nos ha hecho nacer de nuevo para una esperanza viva por medio de la resurrección de Jesucristo de entre los muertos; para una herencia incorruptible, incontaminable e inmarchitable reservada en los cielos para ustedes, que son guardados por el poder de Dios mediante la fe para la salvación preparada para ser revelada en el tiempo final. (1 Pedro 1:3-5, RVA-2015)

Entonces ¿a qué se refiere con «en esto» que los creyentes tienen instrucciones de alegrarse en el primer pasaje que leímos?

- Una esperanza viva que tenían por medio de la resurrección de Cristo
- Una herencia que es incorruptible, incontaminable e inmarchitable
- La herencia que les esperaba
- La seguridad de la salvación a través de Jesús

Pedro estaba ayudando a los creyentes a reescribir la narrativa de su situación para que se alinearan con el plan que Dios tenía para ellos y a cambiar las historias que se contaban a sí mismos sobre las cosas difíciles que debían soportar... *momentáneamente.*

No sé en tu caso, pero para mí, las pruebas nunca parecen «momentáneas»; parecen eternas. Si nos descuidamos, las pruebas y las temporadas difíciles intentarán apoderarse de la narrativa de toda nuestra vida, como si fueran las únicas historias que nos tocó vivir. ¡Pero no lo son! Y el aliento de Pedro ofrece una perspectiva diferente.

En lugar de pensar de sí misma como desterrada y abandonada, la iglesia debía recordar que tenía una herencia inmarchitable esperándola en el cielo por causa de Cristo.

En lugar de sentirse derrotados por las pruebas, tenían que recordar que su fe estaba siendo refinada.

Los lectores de Pedro habrán entendido este concepto del refinamiento en el contexto de la metalurgia. En ese ámbito, el refinamiento es el proceso en el que los metales son calentados sobre el fuego hasta que las impurezas y los elementos no deseados pueden extraerse de ellos, dejándolos en su estado más puro.

Probados por el fuego. Refinados para la alabanza a Dios.

No sé tú, pero ese es el tipo de cambio de guion que necesito en lo personal. Este es mi guion predeterminado cuando atravieso temporadas difíciles: *No lo lograré. Es demasiado difícil. ¿Por qué tengo que pasar por esto?*

Pero al prestar atención a los recordatorios de Pedro sobre lo que es verdad, aprendo a redefinir mi narrativa de esta manera: *Me alegraré en medio de todo esto. Es difícil, pero Dios está refinándome, haciéndome más como Cristo. Está bien que pase por esto porque tengo un tesoro innegociable en el cielo gracias a mi salvación en Cristo.*

3. Tu temporada difícil está produciendo resistencia

A veces, la temporada difícil nos parece insoportablemente imposible. El apóstol Pablo estaba al tanto de estas condiciones, pero alentaba a los creyentes a fijar la mirada en lo que puede producir una temporada difícil:

> También nos alegramos al enfrentar pruebas y dificultades porque sabemos que nos ayudan a desarrollar resistencia. Y la resistencia desarrolla firmeza de carácter, y el carácter fortalece nuestra esperanza segura de salvación. Y esa esperanza no acabará en desilusión. Pues sabemos con cuánta ternura nos ama Dios, porque nos ha dado el Espíritu Santo para llenar nuestro corazón con su amor. (Romanos 5:3-5)

Si bien en este pasaje Pablo habla específicamente del sufrimiento, creo que su carta a los Romanos brinda contexto en cuanto a cómo procesamos cualquier temporada difícil. La mayoría conocemos muy poco el verdadero sufrimiento tal y como lo experimentó Pablo a causa de su entrega a Cristo (las golpizas, la prisión, el abandono, el escarnio y el juicio). Yo no he tenido que sufrir así, pero he experimentado traición, difamación, acusaciones y pérdida. He conocido el trauma y el miedo debilitante. He sufrido el desánimo y la soledad del ministerio y la duda en medio del desgaste. He padecido ataques de ansiedad y enfermedad crónica. Me he preguntado si valía la pena vivir.

Tal vez también tú has conocido un sufrimiento así.

Entonces, cuando Pablo dice que el sufrimiento produce resistencia, lo cual desarrolla firmeza de carácter, que deriva en la esperanza... me siento y escucho.

Pablo no tendría que haber reiterado por qué el sufrimiento, la dificultad y las pruebas tienen sentido y son productivas si naturalmente llegáramos a esa conclusión por nosotros mismos. Sé que yo no lo hago. De hecho, mi tendencia es a levantar los brazos al cielo, como si estuviera desamparada, y obsesionarme con todas las formas en que no puedo, es muy difícil o no soy capaz. Y, en general, sucede a las cuatro de la madrugada, cuando debería estar durmiendo. Imagínate un niño de ocho años haciendo un berrinche porque preferiría salir a jugar antes que sentarse y hacer la tarea, en especial cuando siente que es muy malo en matemáticas... Más o menos, así soy yo.

Y, tal vez, Pablo sabía que sus lectores también se esforzaban por perseverar. Pablo ofreció una alternativa al sufrimiento; nos dio razones para nuestra alegría. Mira de nuevo el pasaje y observa cuál fue esa razón:

> Nos alegramos al enfrentar pruebas y dificultades porque sabemos que nos ayudan a desarrollar resistencia. Y la resistencia desarrolla firmeza de carácter, y el carácter fortalece nuestra esperanza segura de salvación. Y esa esperanza no acabará en desilusión. Pues sabemos con cuánta ternura nos ama Dios, porque nos ha dado el Espíritu Santo para llenar nuestro corazón con su amor.

No revertimos el guion en las temporadas difíciles porque tengamos un guion mejor, sino porque creemos que las historias de Dios son mejores de las que nosotros podríamos escribir jamás.

¿Lo ves? Nos alegramos en nuestros sufrimientos «pues sabemos con cuánta ternura nos ama Dios, porque nos ha dado el Espíritu Santo para llenar nuestro corazón con su amor». Él revirtió el guion sobre el sufrimiento.

Entonces, empecemos a revertir el guion en nuestra temporada difícil, ¿de acuerdo? ¿Permites que los sentimientos que tienes por de tu temporada actual te cuenten historias que te llevan a depender de Dios o que te alejan de él? ¿Las historias que repites en tu corazón y en tu mente están fundadas en la verdad? ¿En el carácter de Dios? ¿En quién eres en Cristo? Si no es así, vuelve a la Palabra de Dios y fíjate qué tiene que decir sobre tus problemas actuales.

Esto no es algún tipo de encantamiento, manifestación o mantra. Tampoco es autoayuda ni canalización de la confianza en uno mismo. Los escritores del Nuevo Testamento no trataban de convencernos de expresar cosas positivas sobre nuestra vida. Esto es totalmente diferente. No revertimos el guion en las temporadas difíciles porque tengamos un guion mejor, sino porque creemos que las historias de Dios son mejores de las que nosotros podríamos escribir jamás.

VERDAD A LA QUE AFERRARSE

La historia que Dios está escribiendo es mejor que nuestros mejores planes.

LITURGIA PARA CUANDO TUS SENTIMIENTOS TRATAN DE DOMINARTE

Oh, Dios, tú conoces mis pensamientos,
mi diálogo interior,
las historias veraces
y las historias falsas que me digo a mí misma.
Y confieso: tu Palabra es infinitamente más verdadera
que las historias que tan a menudo me cuento.
Que cuando yo piense que la debilidad es limitante,
pueda recordar que tú dices que las debilidades exaltan
a Cristo.
Cuando considere que el sufrimiento es debilitante,
que pueda recordar que tú dices que el sufrimiento es
purificador.
Cuando me parezca que las tentaciones son desalentadoras,
que pueda recordar que tú llamas a las tentaciones
determinantes.
Cuando crea que las pruebas me quebrantarán,
que pueda recordar que tú a las pruebas las llamas
santificadoras.
Por eso, ayúdame a revertir la narrativa sobre las
temporadas difíciles.
Dame tus palabras, tu entendimiento, tu punto de vista.
Toma mis narrativas desalentadoras
y reescríbelas tú mismo.
Prepara mi mente,
conduce mi lengua,
enternece mi corazón
para que las palabras de mi boca
y la meditación de mi corazón
sean agradables a ti, oh, Dios.
Amén.

Capítulo 10

Empieza donde estás

Escribo estas palabras luego de haber pasado meses tratando de discernir si debemos mudarnos de nuestra actual ubicación y comunidad, solo para sentir que Dios estaba guiándonos a quedarnos donde estamos. Aunque la zona está repleta de paisajes deslumbrantes y tiene la atmósfera de pueblo de montaña en vacaciones, aun después de algunos años aquí, nos costó encontrar una hermandad profunda, nos sentimos aislados en el ministerio público y luchamos con todo lo que nos falta por estar viviendo en una zona rural de Colorado. (Los grandes supermercados como Trader Joe's y Costco quedan a cuatro horas de distancia en auto y Target está a cuarenta y cinco minutos al otro lado del límite estatal. ¡La lucha es real!).

Durante los meses que analizábamos mudarnos, lo único en que podía pensar era cuánto más fácil y mejor sería para toda nuestra familia si nos mudáramos a algún lugar donde tuviéramos más opciones de escolaridad, cercanía a los amigos de la profesión, opciones de iglesias con las que nos sintiéramos más alineados, una mayor cordialidad hacia los cristianos, mayor comodidad en la comunidad, que nos alentaran más en el ministerio y, por supuesto, más acceso a Costco.

En realidad empecé a creer que mi familia, mis amigos, los negocios, la salud mental y la ayuda externa (es decir, todo) serían mejores si pudiera mudarme de aquí. Me imaginaba llegar a cualquier otro lugar y descubrir que mis cargas se aliviaban.

Pero, al final, esta temporada no se trató de encontrar un nuevo lugar para la familia Simons; se trató de nuestra necesidad de encontrar a Dios en el lugar donde él ya nos ha puesto. Tenía que ver con que necesitábamos amar el lugar difícil del cual tratamos de escaparnos con tanta desesperación. Dios podría haber dispuesto las cosas para que nos mudáramos, y puede que algún día lo haga, pero la señal de aviso en medio de nuestro deseo de llegar a donde queríamos ir fue empezar donde ya estábamos y usar lo que ya teníamos.

De manera que empezamos a usar nuestra casa para invitar gente a cenar, hacer reuniones, noches de juegos y adorar.

Empezamos a usar nuestros dones para enseñar, liderar y servir.

Comenzamos a usar nuestros recursos para ser anfitriones, preparar, edificar y recibir.

Cuanto más echamos nuestras raíces, más abundancia empezamos a vivir. Para cuando leas estas páginas, habremos estado reuniéndonos durante más de un año en una inesperadamente fértil iglesia casera, la cual replica la iglesia primitiva, transforma vidas y que es más de lo que podríamos haber pedido o imaginado.

Troy habrá terminado de predicar sus mensajes sobre el libro de Hebreos, y habremos agradecido una y otra vez al Señor porque él transformó nuestra desesperación por irnos en un deseo por quedarnos.

A veces, nuestras ansias de cualquier otro lugar que no sea este están justificadas y surgen de la pérdida y el dolor. A veces, simplemente, nos sentimos inquietos porque queremos más. Somos rápidos para pensar que aquí no puede ser el lugar donde Dios eligió usarnos.

Como ya vimos, la historia del pueblo de Israel es la de estar donde no querían estar. Pero su inconformidad con la situación no significó que estuvieran fuera del plan de Dios para ellos.

En el libro de Jeremías, descubrimos que los israelitas vivían en el destierro, desplazados de su tierra y lejos de donde anhelaban estar. El pueblo de Dios vivía como cautivo en Babilonia, un lugar que, de todas las formas posibles, ponía en peligro y menoscababa su caminar con Dios. No era un lugar que pudieran llamar su hogar, lo único que querían hacer era salir de allí.

Estaban tan ansiosos por avanzar hacia algo mejor que Dios tuvo que advertirles que no le creyeran a nadie que tratara de convencerlos de que su destierro era temporal. De hecho, en Jeremías 29:10, Dios les reveló que serían desterrados durante setenta años y les dijo que se establecieran en Babilonia. Les dio instrucciones y advertencias, rayos de esperanza y recordatorios de su fidelidad. En lugar de ofrecer un plan de salida rápido, Dios usó a Jeremías para darle a su pueblo instrucciones claras y prácticas sobre cómo vivir como desterrados... cómo empezar donde estaban.

Y ¿cómo empezamos donde estamos? ¿No es la pregunta que todos nos hacemos? Es fácil cuando tienes todo lo que piensas que necesitas al alcance de tus manos y estás perfectamente posicionado para las metas que tienes por objetivo. Pero ¿cómo empiezas donde estás cuando no tienes lo que quieres?

Antes de que veamos cómo Dios instruyó a los israelitas en la época de Jeremías, déjame decirte lo siguiente: es muy probable que tú y yo hayamos despertado esta mañana exactamente en el mismo conjunto de circunstancias de la vida que en el que vivíamos ayer. A menos que estés mudándote o en un viaje, es probable que te encuentres más o menos en la misma ubicación física donde Dios te puso ayer.

Lo que puede no ser tan obvio es que ambos estamos un paso más cerca de ese *algún día*, aunque no seamos trasplantados a otra situación o entorno. Día a día, paso a paso, nunca funcionamos en punto muerto; nos movemos en una dirección por causa de las decisiones que tomamos cada día. Incluso si eliges no involucrarte ni seguir adelante en tu temporada actual, aun esa decisión afectará tu trayectoria. A la larga, el lugar donde te encuentres dentro de un mes, un año o una década a partir de ahora comienza con las decisiones que estás tomando hoy.

Por lo tanto, esta es la parte de nuestro viaje donde quiero que nos arremanguemos y nos pongamos a trabajar donde Dios nos tiene. Porque esto es lo que sé: podemos creer que Dios tiene un propósito ahora mismo, e incluso aceptarlo, pero no vamos a vivir todo lo que Dios tiene para nosotros hasta que activamente decidamos hacer algo con lo que él ya nos dio, justamente donde estamos.

Deseo en lo profundo vernos impulsados a vivir en plenitud y libertad, administrando el hoy por todo lo que Dios está haciendo y lo que, a la larga, hará en los lugares inesperados, no deseados u ocultos de nuestra vida.

De acuerdo, volvamos a los israelitas. Está claro que el pueblo de Dios sabía cómo se siente estar donde uno no quiere estar con un algún día lejano (¡setenta años!) por delante. De las instrucciones que Dios le dio a su pueblo, podemos deducir algunas cosas prácticas para empezar en el lugar donde nos encontramos.

En Jeremías 29:4-7 (NVI) leemos:

> Así dice el Señor de los Ejércitos, el Dios de Israel, a todos los que envié al exilio de Jerusalén a Babilonia: «Construyan casas y habítenlas; planten huertos y coman de su fruto. Cásense y tengan hijos e hijas. También casen a sus hijos e hijas para que a su vez ellos les den nietos. Multiplíquense allá y no disminuyan. Además, busquen el bienestar de la ciudad adonde los he deportado y pidan al Señor por ella, porque el bienestar de ustedes depende del bienestar de la ciudad».

Espera. ¿Construir casas? ¿Plantar huertos? ¿Comenzar una familia? ¿Mientras vivimos cautivos en tierra extranjera? ¿Por qué las instrucciones de Jeremías para los israelitas serían tan... digamos... prácticas y domésticas?

Tal vez, la idea aquí es que todo empieza en casa y en el hogar de nuestro corazón. Aunque nosotros, como los israelitas, podemos tener la tentación de enfocarnos en la ubicación o en la vocación, la orden de Dios para ellos (y para nosotros) tiene que ver con el cultivo.

Dios le ordenó a su pueblo que siguiera adelante en su destierro y se estableciera. Él permitió que fueran desterrados como consecuencia de su desobediencia y su rebeldía, pero no fueron olvidados. Sus instrucciones aclararon que él tenía un plan para Israel, a pesar de que sus circunstancias no fueran las que ellos querían. Veamos cada una de las partes de las instrucciones de Dios.

El lugar donde te encuentres dentro de un mes, un año o una década a partir de ahora comienza con las decisiones que estás tomando hoy.

1. Construyan casas, planten huertos, cásense y tengan hijos e hijas

Dios les prometió a los judíos desterrados que su cautiverio terminaría algún día, pero ellos no sabían ni cuándo ni cómo. Por eso, Dios los llamó a forjar activamente una vida en el lugar donde estaban, en lugar de esperar que sus circunstancias cambiaran. ¿Qué señal más clara podía haber de que su estadía allí sería a largo plazo que tener que empezar a construir casas, plantar huertos, casarse y tener hijos?

Fue un llamado a permanecer. Me parece interesante que otra palabra para *casa* u *hogar* sea la palabra *residencia*, la cual está relacionada con esta idea de quedarte donde estás. Jesús enseñó el concepto de permanecer en él con la imagen de la vid:

> Permanezcan en mí, y yo permaneceré en ustedes. Pues una rama no puede producir fruto si la cortan de la vid, y ustedes tampoco pueden ser fructíferos a menos que permanezcan en mí. Ciertamente, yo soy la vid; ustedes son las ramas. Los que permanecen en mí y yo en ellos producirán mucho fruto porque, separados de mí, no pueden hacer nada. (Juan 15:4-5)

Me encanta que en las culturas orientales el uso de las descripciones visuales sea tan común. En tiempos de Jesús, sus oyentes debían estar muy familiarizados con el contexto de esta metáfora. Cuando nosotros nos encontramos con estas palabras (permanecer o morar, como se tradujo a partir de la forma nominal del verbo original en griego *meno*), es fácil evocar la imagen mental de sentarse junto al hogar con una manta abrigada. Muchas veces, en lo primero que pensamos con la palabra morar es algo agradable y seguro (¡y lo es!), pero la Biblia lo describe como el sustento para sobrevivir.

Permanecer quiere decir seguir, quedarse, ser fiel, perseverar, persistir, continuar, acercarse, habitar, estar cerca, no perecer y resistir. Significa mantenerse firme físicamente y reclamar tus derechos. Significa no marcharse ni renunciar a tu determinación. Significa mantenerte comprometido y soportar. Significa estar arraigado e instalado.

Es muy parecido a plantar un huerto. Piensa en todo lo que implica la orden «plantar un huerto»: preparar el suelo, sembrar las semillas, regar y podar. Trabajar y esperar. Labrar y cuidar. Sembrar y cosechar. Disfrutar la recompensa de un huerto exige trabajo y dedicación. Lleva tiempo y determinación.

Lo mismo podría decirse de las instrucciones de Dios para los desterrados de casarse y tener hijos. A la larga, es un llamado a construir un legado, ya sea que estés casado y tengas hijos o no. Si estás soltero, eres necesario como madre o padre espiritual en la comunidad de fe. Tu inversión en la vida de quienes te rodean y están bajo tu influencia importa. Para los israelitas, era algo que llevaría años de compromiso, discipulado, inversión en relaciones y testimonio fiel a las generaciones que vendrían luego. Lo mismo es válido para nosotros.

¿Ves las características que subyacen en todas estas descripciones?

Todas son activas. Y todas exigen tiempo y dedicación.

Establecerte y construir una vida donde estás son decisiones deliberadas, un plan de acción intencional. Esta instrucción fue la manera que usó Dios para recordarle a su pueblo que la obediencia era, primeramente, una ofrenda del corazón. Para ellos, era la manera de decir que confiaban en Dios, de proclamar con confianza que el hogar es el lugar donde está tu corazón, no donde está tu casa.

El deseo de Dios desde el principio fue que el corazón de su pueblo permaneciera con él, su Dios. Es el mismo deseo que vemos en el Nuevo Testamento, y el mismo que tiene para nosotros en la actualidad. Construir una casa física, plantar un huerto físico, casarse y tener hijos eran formas en que los judíos desterrados se establecieran donde Dios los había puesto, pero también eran recordatorios de que, incluso estando lejos del lugar al que podían llamar su hogar, ellos podían establecerse con Dios, en obediencia a Dios... aunque estuvieran desplazados en el destierro.

Creo que algunos (y por «algunos» me refiero a mí misma) nunca empezamos a aprovechar al máximo el lugar donde estamos porque no podemos superar el lugar donde creemos que deberíamos estar. Queremos ser consejeros, pero nos preocupa no tener las respuestas para los problemas complicados de la vida. Queremos discipular en casa a nuestros hijos, pero imaginamos filas perfectas de niños con las manos sobre su regazo y actitudes controladas. Imaginamos maridos que nunca vacilan y siempre conducen como lo haríamos nosotras. Queremos reuniones familiares, pero prevemos las frustraciones inevitables. Queremos servir en la iglesia solo si podemos usar nuestros dones como pensamos que deberíamos hacerlo.

Si no se puede hacer a la perfección, no quiero saber nada.

Pero el trabajo de cultivar no va a lucir hermoso, perfecto y exactamente como queremos que sea ahora mismo. Quizás, en la simple metáfora de la jardinería, se nos recuerda que la fidelidad no se parece a la grandeza ni a las demostraciones ostentosas de fervor religioso, sino a la obediencia sencilla y cotidiana en las cosas que Dios te llama a administrar, empezando por el hogar.

Me pregunto cuán a menudo le pedimos a Dios que provea, pero luego esperamos que cambie nuestras circunstancias o que nos coloque en una situación ideal, antes de que estemos dispuestos a usar lo que él ya nos ha dado. ¿Podría ser que la abundancia y la provisión que Dios tiene pensadas para ti saldrán del mismo terreno del que estás tan ansioso por salir?

Hace poco leí estas palabras de Scott Hubbard, el editor de Desiring God, y para mí fueron un recordatorio poderoso:

> La historia de las Escrituras es, en algunos sentidos, la historia de las *partidas* [...]. En la creación, Dios tenía planeado que Adán y Eva llenaran no solo el Edén, sino toda la tierra (Génesis 1:27-28). En la redención, Dios extiende su reino cuando Abraham se va de Ur (Génesis 12:1-3), Israel desde Egipto (Éxodo 3:10-12), los apóstoles desde Jerusalén (Mateo 28:18-20), Pablo y Bernabé desde Antioquía (Hechos 13:1-3).
>
> Junto con estas *partidas* memorables hay otras menos memorables, pero decisivas, *permanencias.* [...]
>
> Vivimos donde vivimos, a fin de cuentas, porque Dios nos envió aquí, al menos por hoy. Y la mano providencial de Dios nunca se mueve sin propósito[1].

Hubbard continúa y cita al autor puritano Samuel Rutherford, quien una vez se refirió a Dios como el jardinero y a sí mismo como una planta:

> El gran Maestro Jardinero, el Padre de nuestro Señor Jesucristo, en su maravillosa providencia, con su propia mano [...] me plantó aquí, donde, por su gracia, en esta parte de su Vid, crezco. [...] Y aquí permaneceré, hasta que el gran Maestro del viñedo crea conveniente transplantarme[2].

La jardinería es en parte obra de nuestras manos y, en parte, obra del cuidado soberano de Dios a través de la creación. Es un recordatorio para nosotros de que Dios a menudo elige proveer en la intersección de nuestro «acabo de empezar» y su «mira cómo lo hago».

A lo mejor has estado esperando aquel «algún día» o que se den las condiciones perfectas para en realidad establecerte en el lugar donde Dios te ha puesto. Tal vez fuiste llamado, llamada a levantar un ministerio, pero no lo has hecho todavía porque estás esperando a las personas, los colaboradores o los recursos adecuados. Algunas veces, nuestra familia ha tenido ese sentir, pero aprendimos a salir en fe y obediencia, incluso cuando no teníamos un plan perfecto.

¿Podrías empezar hoy con pasos pequeños para crear la infraestructura para ese ministerio? O ¿quizás hayas conocido tu propia clase de desarraigo en tu lugar y en tu vocación, y Dios ahora te está llamando a estar en casa donde estás? Más allá de que puedas ser dirigido a construir casas, plantar huertos, casarte y tener hijos en tus temporadas del presente, entiende que hacerlo es la decisión de permanecer y continuar.

2. Busquen el bienestar de la ciudad

Creo que la orden de buscar «el bienestar de la ciudad» en Jeremías 29:7 es, quizás, la más convincente para mí (NVI). Hasta este punto, las instrucciones de Dios por medio de Jeremías eran entendibles y ventajosas para sí mismos en un país extranjero: cuídense a sí mismos, cuiden a su gente. Pero, ahora, Dios le dice a su pueblo que haga algo que puede parecer ilógico: hacer el bien en Babilonia. Buscar el bienestar de ellos.

Un momento, ¿qué dices?

Dios, ¿no sabes que estas personas adoran a otros dioses? ¿Acaso no sabes que ellos son la causa de nuestra desgracia? ¿Cómo podemos buscar su bienestar y orar por ellos cuando ese no es el objetivo que tienen para nosotros?

Pero Jeremías se los dejó claro: «Además, busquen el bienestar de la ciudad adonde los he deportado y pidan al Señor por ella, porque el bienestar de ustedes depende del bienestar de la ciudad» (Jeremías 29:7, NVI). No solo tenían que instalarse y hacer su propia vida en un país extranjero; tenían que establecerse y llevar la paz y el bien a su nueva ciudad de residencia, buscar el bienestar de ellos así como buscaban el propio mientras durara su estadía allí... la cual resultó ser mucho más larga de lo que esperaban.

No fue un llamado a simplemente «aguantar, apretar los dientes y seguir adelante». No fueron instrucciones de «consigue lo que puedas y vete de ahí». Fue un llamado a vivir y amar en el lugar preciso donde estaban, obedeciendo al Dios que había permitido que los enviaran allí. Imagino que, para los desterrados, buscar el bienestar de la ciudad donde Dios los había puesto incluía hacerse amigos, querer y servir a personas que no amaban a su Dios, que no honraban las cosas que a ellos les importaban en lo profundo y que vivían de una manera contraria a los caminos de Dios.

¿Puedes pensar en alguien o en un grupo entero de gente que sea difícil de amar en tu comunidad? ¿Quién piensa diferente a ti? ¿Quién proviene de un entorno o una cosmovisión que te resulta extraña? Con seguridad, yo sí puedo. Dios nos llama a hacernos amigos de ellos, a amarlos, a servirlos. Pero creo que hay incluso una exhortación más para nosotros hoy. Cuando buscamos la paz y el bienestar de nuestro pueblo, ciudad o comunidad, priorizamos la dignidad, el bienestar y la oportunidad de prosperar de nuestros vecinos porque hemos sido enviados y provistos de la paz y la abundancia de la esperanza en Dios.

Esto se podría poner en práctica involucrándote más en servir a tu comunidad, en lugar de encerrarte en ti mismo. Requiere que seamos parte de la solución, en lugar de simplemente llamar la atención sobre los problemas que vemos. Buscar el bienestar y la prosperidad será diferente para cada uno de nosotros según dónde nos ha puesto Dios, pero el principio es el mismo: Dios puede llamarnos a echar raíces e invertir en los lugares más improbables, aquellos que no consideraríamos nuestro hogar naturalmente, pero lo hará así porque cuando el pueblo de Dios decide vivir vidas entregadas en los lugares donde Dios lo llama, se convierte en conducto de la paz, el amor, el cambio y el crecimiento.

Para nosotros, esto es un llamado a vivir y amar como si nuestro presente, nuestro ya, fuera lo que en realidad queremos (aunque no lo sea), en obediencia al Dios que nos ha puesto donde estamos. ¿Acaso aparentamos? ¿Nos limitamos a fingir hasta que lo logremos? No tenemos que interpretar un papel; esa no es la idea. Más bien, se trata de dejar que nuestros actos sigan las promesas de Dios, en lugar de nuestro propio entendimiento. Creo que sería como vivir en nuestras identidades en Cristo, a pesar de que no nos sintamos del todo perdonados y libres. Elegimos creer en lo que Dios dice y respondemos con confianza y obediencia... porque Dios está obrando más de lo que sabemos.

Entonces, ¿qué hacemos cuando nos sentimos lejos de casa? Es posible que te cueste estar presente en la temporada que te toca cuando estás soñando con una diferente que podría hacerte sentir más en casa. O quizás, como yo, has sido trasplantado a una nueva ciudad, una nueva comunidad o un nuevo ministerio y estás empezando a relacionarte otra vez. Quizás, todavía te sientes un poco forastero. Tal vez no te sientas físicamente a gusto en la ciudad donde Dios te plantó. Quizás, seas una madre o un padre cuyos hijos se independizaron, y tu hogar ya no se siente ni suena como en otro tiempo. Pasaste tantos años atendiendo las necesidades de tu familia que has olvidado el propósito para el que Dios te hizo. Te preguntas dónde encajas en el servicio al Señor, ahora que el trabajo abarcador de hacer funcionar tu hogar ha cambiado.

Puede que no sea ni la temporada ni el lugar lo que no te hace sentir como en casa hoy en día, sino las pruebas que el Señor ha permitido en tu vida. Tal vez haya un dolor crónico, una enfermedad inesperada, una herida profunda o un conflicto familiar que se siente como el destierro.

El encargo a los israelitas y su llamado a la fidelidad y a la fecundidad empezó con cosas simples como el hogar, la familia y la oración. No requería puestos prominentes de liderazgo, cuentas bancarias robustas, decoraciones dignas de Pinterest, ni siquiera que ellos se sintieran establecidos en sus nuevos hogares. Simplemente, requirió que se establecieran en el hecho de que Dios era su provisión, su líder, su futuro y su único defensor.

Aun como desterrados, aun como quienes no se sienten en casa, el pueblo de Dios puede construir y traer la Buena Noticia al lugar donde Dios los ha llamado a estar.

> Así dice el Señor: «Cuando a Babilonia se le hayan cumplido los setenta años, yo los visitaré y haré honor a mi promesa en favor de ustedes; los haré volver a este lugar. Porque yo conozco

> los planes que tengo para ustedes —afirma el Señor—, planes de bienestar y no de calamidad, a fin de darles un futuro y una esperanza. Entonces ustedes me invocarán, vendrán a suplicarme y yo los escucharé. Me buscarán y me encontrarán cuando me busquen de todo corazón. Me dejaré encontrar —afirma el Señor—, y yo los haré volver del cautiverio. Yo los reuniré de todas las naciones y de todos los lugares adonde los haya dispersado y los haré volver al lugar del cual los deporté», afirma el Señor. (Jeremías 29:10-14, NVI)

Este final conocido de las palabras del profeta Jeremías al pueblo de Dios no tiene tanto que ver con nuestro futuro y las cosas buenas que vendrán, sino con Dios y sus planes firmes. Aunque nos ponga en lugares donde no queremos estar, él es el Dios quien nos lleva, quien nos escucha, quien es conocible e íntimo y quien cumple sus promesas. Lo único que necesitamos hacer es dar el primer pequeño paso.

Simplemente empieza, aunque sea con un pequeño paso

Dar el primer paso no siempre es fácil. Si llegas a conocerme, descubrirás que tiendo a abrumarme por todo lo que tengo delante de mí y que o me siento paralizada por la inacción porque no sé por dónde empezar o directamente me doy por vencida puesto que si no puedo hacerlo bien, no quiero hacerlo (así es, antes me refería a mí misma).

Esto en especial es cierto cuando se trata de hacer ejercicio. Realizar la rutina de ejercicios no me sale de manera natural, por

Si vale la pena hacer algo bien, vale la pena empezar a hacerlo ahora aunque no lo domines.

lo cual no es raro que me sienta abrumada ante la idea de no estar donde quiero estar con mis metas saludables. Digo cosas como: «¿Por qué no puedo correr una hora sin morirme?». Y Troy siempre dice: «Solo empieza donde estás. Empieza por una pequeño paso a la vez».

G. K. Chesterton una vez escribió una idea de lo más liberadora y convincente: «Si algo vale la pena hacer, vale la pena hacerlo sin habilidad»[3]. En otras palabras, si vale la pena hacer algo bien, vale la pena empezar a hacerlo ahora aunque no lo domines.

Cuando me siento atrasada en mi lectura de la Biblia.

Cuando todavía no soy una experta.

Cuando no oro como debería.

Cuando no he hecho ejercicio ni he cuidado mi cuerpo.

Cuando no soy la mamá que quiero ser.

Cuando no me siento capaz de hacer amigos.

Cuando no amo a los demás como debería hacerlo.

Empieza donde estás. Empieza con una cosa pequeña, un pequeño cambio. Cualquier cosa que valga la pena hacerse, vale la pena hacerse mal... por ahora.

A veces, subestimamos el poder de empezar poco a poco y de empezar ahora.

Entonces, esta es mi pregunta para ti y para mí: ¿Qué empezarías a hacer hoy en obediencia si no tuvieras miedo de fallar, si no te preocupara el futuro y si supieras que Dios te tiene en el lugar donde estás por una razón? ¿Qué comenzarías hoy?

Ahora, ve y hazlo.

Persevera

Pero ¿qué sucede una vez que empiezo? ¿Cómo sigo en movimiento?, quizás te estés preguntando. Pensemos en términos de un viaje. Es increíble cuán lejos puedes viajar cuando te concentras solo en el próximo paso. No en la meta final, no el último tramo como cuando estás a punto de llegar a la línea final. Me refiero al paso que viene después del paso que acabas de dar. Y luego al siguiente. Y al siguiente. Resulta que llegas a tu destino cuando decides seguir adelante.

Mientras estoy escribiendo para ti en el año 2023, mi hijo mayor acaba de graduarse de la universidad y ahora está preparándose para mudarse y realizar la escuela de posgrado. El *algún día* llegó antes de lo que yo esperaba.

A fin de este año, mi empresa, GraceLaced Co., cumplirá diez años. Apenas lo puedo creer. El *algún día* que no podía imaginar ahora es, de alguna manera, una realidad.

Este verano, Troy y yo celebraremos veinticinco años de casados por la gracia de Dios. Lo que parecía imposible dos décadas atrás, ahora eclipsa cualquier parte de mi vida que haya existido antes de que dos pecadores improbables llegaran a ser uno en Cristo. Ese *algún día* que una vez parecía tan lejano, ahora es un recordatorio de que nuestros días pasan rápido.

En unos meses, entraré en los últimos dos años de mis cuarenta. Siento que la edad me está mejorando. Después de todo, *algún día* no estaba tan lejos.

Amigo, amiga, considera lo siguiente como un recordatorio sincero de que, sea lo que sea que estés sorteando hoy, *algún día* no está tan lejos como tal vez pienses. Podemos elegir quedarnos en pausa hasta sentirnos bien con las trayectorias de la vida o podemos empezar donde estamos. La diferencia entre esperar tu momento con escepticismo y dar pasos de obediencia ahora mismo es la persona en la que te conviertes mientras eliges perseverar.

Quiero que sepas que no siempre he elegido estar presente en la vida que Dios me ha dado, razón por la cual este mensaje es tan importante para mí. Incluso aún ahora tengo que optar por recordar las verdades de los propósitos de Dios que he desarrollado en este libro. Como dije antes, el trabajo de proseguir no es algo que sucede naturalmente. No terminarás este libro y, mágicamente, actuarás desde una actitud continua de alegría, confianza y esperanza en los lugares que alguna vez estuvieron ocupados por la apatía, el temor y la falta de visión (¿no sería conveniente si eso fuera cierto?). No, tú y yo tendremos que luchar por ello. Tendremos que cuidarnos de no volvernos perezosos ni autocomplacientes. Tendremos que explorar, profundizar y asegurarnos de entender por completo las misericordias de la gracia de Dios por medio de Cristo.

Me gusta la paráfrasis de Eugene Peterson sobre Filipenses 2:12-13 en la versión *The Message* (El Mensaje):

> Lo que quiero decir, queridos amigos, es que deben seguir haciendo lo que han hecho desde el principio. Cuando yo vivía entre ustedes, obedecían con responsabilidad. Ahora que estoy lejos de ustedes, sigan así. Mejor aún, redoblen sus esfuerzos. Sean enérgicos en su vida de salvación, reverentes y sensibles ante Dios. Esa energía es la energía de Dios, está en lo profundo de su ser, donde la voluntad misma de Dios está actuando para lo que más le complacerá a él.

Hay una cosa en claro: Pablo está diciéndoles a los filipenses que perseveren, que se mantengan firmes y que sigan avanzando en sus esfuerzos por caminar con Dios, sabiendo que Dios es fiel.

¿Por qué pensaríamos que podemos enfrentar nuestros días de una manera diferente?

La exhortación a vivir completamente dependientes del cuidado soberano de Dios mientras estamos totalmente involucrados con el próximo paso que elegimos dar es un llamado a la fe tanto como a la fortaleza. No es que sea algo siempre fácil de hacer. Pero es necesario si hemos de luchar para seguir estando presentes.

George Müller, uno de los evangelistas que podría decirse fue de los más eficaces del siglo xix, una vez dijo:

> Este es uno de los mayores secretos en relación (sic) con el servicio exitoso al Señor: trabajar como si todo dependiera de nuestra diligencia y, a la vez, no descansar en lo más mínimo en nuestros empeños, sino en la bendición del Señor, el *único* que puede lograr que tus esfuerzos sean eficaces, para el bien de tus semejantes o de tus hermanos creyentes[4].

Me encanta la respuesta de John Piper al secreto para el éxito de Müller:

> En otras palabras: trabaja con todas tus fuerzas, pero no confíes en tu labor; confía en Dios. Planea mucho, pero no confíes en tus planes; confía en Dios. Habla con claridad y creatividad, pero no confíes en tu discurso; confía en Dios. Canta, pero no confíes en tu canto; confía en Dios. Crea, produce, dirige y gestiona, pero no confíes en tu creatividad, tu liderazgo, tu gestión y tu productividad; confía en Dios[5].

Tú y yo hemos recibido un buen trabajo que hacer y, a veces, parecerá que tenemos éxito. Otras veces, nos sentiremos tentados a pensar que estamos fallando miserablemente. Lo que quiero que recordemos es que Dios confía que logrará lo que se propone en nuestra vida: «Quien comenzó la buena obra en ustedes, la continuará hasta que quede completamente terminada el día que Cristo Jesús vuelva» (Filipenses 1:6), ¡así que no te preocupes por eso! Pero él nos da una oportunidad para obtener los beneficios de la perseverancia y...

> Hermanos míos, considérense muy dichosos cuando tengan que enfrentarse con diversas pruebas, pues ya saben que la prueba de su fe produce perseverancia. Y la perseverancia debe llevar a feliz término la obra, para que sean perfectos e íntegros sin que les falte nada. (Santiago 1:2-4, NVI)

Cuando recuerdo este conocido pasaje de las Escrituras, no puedo evitar sonreír al ver cómo resume todo lo que hay en mi corazón sobre este mensaje del ya y todavía no. Quiero que seamos maduros, completos y que no nos falte nada. *Amén.*

Quiero que tú y yo, ambos, conozcamos el don incomparable de perseverar *con* Cristo, *por medio de* Cristo, *hacia* un destino: nuestro algún día para siempre con él. Apenas estamos de paso por este hogar terrenal, pero, vaya, Dios nos forma y nos moldea a medida que avanzamos por él.

Es una hazaña que nos consideremos «muy dichosos» en todas nuestras temporadas y circunstancias no deseadas, pero nos acercamos un paso más a semejante cambio de paradigma cada vez que analizamos nuestro momento presente, nuestro ya, desde la perspectiva de la Palabra de Dios... y seguimos adelante.

Por tanto

Los autores del Nuevo Testamento solían concluir sus exhortaciones y sus recordatorios a los hermanos creyentes de la iglesia primitiva con un esquema para perseverar en la fe: crean lo que Jesús dijo acerca de sí mismo y de quienes están en Cristo y, luego, respondan en consecuencia. Es por esto que reiteradamente encontramos la expresión «por tanto» en las cartas a las iglesias. Considerando la verdad de quién es Dios y qué ha hecho, podemos vivir y viviremos de manera diferente de ahora en adelante. El llamado a la acción siempre viene a continuación del llamado a creer.

Uno de mis «por tanto» favoritos está al comienzo de Hebreos 12:

> Por tanto, también nosotros que estamos rodeados de una nube tan grande de testigos, despojémonos de todo peso y del pecado que nos asedia y corramos con perseverancia la carrera que tenemos por delante. Fijemos la mirada en Jesús, el iniciador y perfeccionador de nuestra fe, quien por el gozo que le esperaba, soportó la cruz, menospreciando la vergüenza que ella significaba, y ahora está sentado a la derecha del trono de Dios. (Hebreos 12:1-2, NVI)

Despójate del pecado que nos asedia.
Corre con perseverancia.
Fija la mirada en Jesús.

Porque Jesús es mejor que cualquier otra cosa que pudiéramos asegurar de este lado del cielo, podemos vivir con propósito, siguiéndolo en todo lo que él tiene por delante para nosotros. Y cuando los «por tanto» de todo lo que creemos sobre los propósitos de Dios nos imponen simplemente dar el próximo paso en perseverancia, comenzamos a vivir una vida llena de esperanza en nuestro presente, nuestro ya, mientras que nuestros ojos están puestos en todo lo que todavía no es.

Entonces, deja que este sea el llamado «por tanto» para que perseveremos en vivir el «ya pero todavía no». Que todo lo que hemos visto en la Palabra de Dios sobre nuestros desiertos, nuestras temporadas sin florecer, nuestros años ocultos, nuestras historias todavía no maravillosas nos imponga vivir valientemente por la fe, hoy.

Oh, que tú y yo podamos hacer lo improbable, enfrentar lo imposible, resistir lo intolerable, declarar lo inexpresable y señalar el camino a los propósitos transformadores de nuestro Salvador donde nosotros (quienes sabemos que lo mejor aún está por venir) elegimos seguir adelante... precisamente donde estamos.

VERDAD A LA QUE AFERRARSE

El lugar donde te encuentres mañana comienza con lo que eliges hoy.

LITURGIA PARA CUANDO NO SABES QUÉ HACER

Aquí estoy, con los detalles de mi pasado,
los todavía no de mi presente,
y las incógnitas del futuro que tú conoces.
Estoy lista para ser formada y moldeada por mi Creador,
para que pueda ser un instrumento de esperanza,
una vasija de la verdad, un conducto de la gracia.
Que no me contente solamente con creer—
con disfrutar de la redención que ha sido
comprada para mí— sin consecuencia ni acción.
Mas permíteme, en cambio, correr la carrera que hoy
tengo por delante,
con la mirada puesta en la obra terminada de Cristo.
Cólmame del deseo de correr bien.
Avívame con la gracia que enciende,
esmerándome con todas mis fuerzas,
pero solo en toda tu fuerza, oh, Señor.
Perseverando con alegría,
porque tú me sujetas fuerte,
no permitas que me canse de hacer el bien.
Renuncio a mis vanos intentos por construir
mi propio reino y recuerdo, en cambio,
que fui creada para el tuyo.
Hazme una constructora, oh, Señor.
Haz de mí una morada para la esperanza del evangelio,
sin importar la duración ni el diseño.
Elijo empezar hoy
Ayúdame a empezar hoy.
Amén.

Conclusión

Esta mañana estuve orando por ti, ya que nuestro viaje está llegando a su fin. Hay algunas preguntas que me hago: *¿Compartí todo lo que quería compartir? ¿Entregué las partes más auténticas de mi corazón que puedo entregar aquí, en estas páginas? ¿He logrado el objetivo de alentarte en tu lugar y temporada de la vida específicos, los cuales todavía no son lo que quisieras? ¿Tienes un punto de vista más grande e impresionante de la fidelidad de Dios en marcha, la cual está actuando para lograr sus propósitos en tu vida ahora mismo?*

Confío en que él continuará haciendo lo necesario tanto en tu vida como en la mía. Pero si tuviera una oración para ambos, sería que no nos quedemos atascados, deseando estar en otra parte o con un conjunto de circunstancias totalmente diferentes, dejando pasar lo que Dios está haciendo ahora mismo... aunque nuestro ideal, nuestros sueños, nuestros finales felices o ese algún día se sientan demasiado lejanos.

Así que esta soy yo, acercándome para decirte:

No estás sola, solo. Lo lograrás.

Este momento es importante, nuestro Dios no desaprovecha nada.

¡Por tanto, mantente alerta, permanece consciente y sigue adelante!
Corre a Jesús, no hacia el otro lado.
¡Ponte en marcha y aprovecha al máximo cada oportunidad!
No te quedes en el banco en esta temporada.

Si *carpe diem* significa, literalmente, «aprovecha el día» (como cuando es la época de la cosecha), nosotros —los que creemos que estar con Cristo cara a cara y ser conformados a su semejanza es el fruto de la cosecha que en definitiva anhelamos—podemos aprovechar el día de hoy a la luz de lo que Dios producirá en su tiempo.

Y quizás esto sea aún más preciso: *carpe diem in luce aeternitatis* (literalmente, «aprovecha el día a la luz de la eternidad» en latín). Es nuestra señal de aviso para esperar ese algún día, manteniéndonos fieles ahora. Los ojos puestos en el premio y nuestra mano en el arado. Recuerda las palabras de Pablo: «Más bien, una cosa hago: olvidando lo que queda atrás y esforzándome por alcanzar lo que está delante, sigo avanzando hacia la meta para ganar el premio que Dios ofrece mediante su llamamiento celestial en Cristo Jesús» (Filipenses 3:13-14, NVI).

Aprovecha el día a la luz de la eternidad.

Por lo tanto, persevera. Sé firme. No hay tiempo para quedarse atascado en el pasado o para estar indeciso sobre el presente. Has recibido tareas difíciles y maravillosas que solo tú tienes los dones para realizar. No estás justo donde estás por accidente.

Este no es un plan de juego pasivo para esperar a ver qué pasa; es el estilo de vida «pon la mano en el arado y confía en Dios». Y él, nuestro Dios que es fiel ayer, hoy y para siempre, completará lo que ha comenzado. Él prometió hacerlo.

> Y ahora, que toda la gloria sea para Dios, quien es poderoso para evitar que caigan, y para llevarlos sin mancha y con gran alegría

a su gloriosa presencia. Que toda la gloria sea para él, quien es el único Dios, nuestro Salvador por medio de Jesucristo nuestro Señor. ¡Toda la gloria, la majestad, el poder y la autoridad le pertenecen a él desde antes de todos los tiempos, en el presente y por toda la eternidad! Amén. (Judas 1:24-25)

¿Te animas?

Empieza donde estás y sigue adelante porque Dios ha sido y siempre será fiel en nuestro *ya pero todavía no*.

Te amo; Cristo te ama más.

Besos y abrazos,

RCS

UNA LITURGIA PARA YA Y TODAVÍA NO

Tú, oh, Dios, eres...
el Señor de mis luchas,
el Rey de mis anhelos,
el Creador de mis dones,
el Salvador de mis andanzas,
el Sustentador de mis insuficiencias,
el Proveedor de mis imposibilidades,
el Salvador de lo insalvable en mí,
el Camino en mis andanzas,
el Alfa de mis comienzos,
el Omega de mis finales,
y el Guardador de todo lo que todavía está por venir.
Te alabo, oh, Dios, por todo lo que todavía vendrá.
Amén.

El marco teológico de *ya pero todavía no*

Hay un concepto teológico más profundo que sustenta los temas que hemos analizado en este libro. Es lo que los eruditos han llamado el esquema de «ya pero todavía no» o el «ahora y todavía no».

Esta perspectiva bíblica tuvo una profunda influencia en mi caminar con Cristo hace años, cuando la encontré por primera vez y sigue influyendo en la manera en que entiendo y reacciono hoy a la Palabra de Dios. No tuvimos espacio para meternos de lleno en esa teología en el libro, así que, para quienes buscan profundizar un poquito más, quiero dedicar un tiempo ahora para resumirla aquí y animarte a seguir estudiando esta perspectiva bíblica, mientras que acudes a la Palabra de Dios y te estudias a ti mismo dentro de las realidades de esta era presente y el desarrollo de los tiempos que vendrán.

El punto de vista a través del cual los escritores del Nuevo Testamento animaban a los creyentes es el que mira tanto lo que Cristo ya ha hecho en esta era presente, como lo que todavía hará en los tiempos venideros. La primera venida de Cristo (su vida, su muerte y su resurrección) marcó el inicio de la historia de redención, ya que el don de la salvación fue hecho posible para quienes creen. La segunda venida de Cristo es el regreso glorioso y físico de Jesús para juzgar al mundo al final de los tiempos, acompañado de la resurrección de los muertos. Esta segunda venida, o segundo adviento, inaugura el gobierno y el reinado por siempre de Cristo en el reino eterno de Dios.

El tiempo entre su primera y su segunda venida es lo que la Biblia llama los «últimos días» (Hebreos 1:2) y es la era en la que vivimos ahora. Una en la que las promesas de la historia de redención de Dios ya son verdaderas, pero todavía tienen que ser reveladas en su totalidad o experimentadas por completo. La tensión de esta era intermedia es el contexto para todo lo que hemos hablado en este libro: esta es la tensión teológica de vivir a la luz de lo que ya ha sido logrado para nosotros en Cristo y también lo que todavía tiene que producirse plenamente cuando él venga otra vez. Vemos cómo se realiza esto en las realidades de nuestra vida cristiana.

Cuando confiamos en Jesús, *ya* fuimos perdonados, *ya* estamos justificados, *ya* somos receptores de las riquezas de la gracia de Dios, *ya* recibimos una identidad nueva, *ya* somos amados por completo, *ya* somos llamados hijos e hijas.

Somos trasladados de la oscuridad a la luz. Pero todavía tenemos que experimentar esa transformación por completo. Y hay otros *todavía no* para nuestras historias de redención:

- Ya somos perdonados de nuestro pecado, pero *todavía no somos libres del pecado.*
- Ya hemos recibido identidades nuevas en Cristo, pero *todavía no estamos formados del todo como una nueva creación.*
- Ya somos ciudadanos del cielo ahora, pero *todavía no estamos en casa con nuestro Dios.*

Esta era del *todavía no* no es el fin de la historia. El marco teológico por el cual podemos entender nuestro tiempo presente ve, al final, que todas las promesas de Dios dan sus frutos en nuestro hogar celestial, cuando seamos hechos nuevos por completo, estemos en casa por completo y seamos libres de pecado por completo:

> Oí una fuerte voz que salía del trono y decía: «¡Miren, el hogar de Dios ahora está entre su pueblo! Él vivirá con ellos, y ellos serán su pueblo. Dios mismo estará con ellos. Él les secará toda lágrima de los ojos, y no habrá más muerte ni tristeza ni llanto ni dolor. Todas esas cosas ya no existirán más». (Apocalipsis 21:3-4)

Dado que la verdadera esperanza del regreso de Cristo (y, por lo tanto, *el todavía no*) es segura, podemos vivir a la luz de todo lo que ya es nuestro en Cristo. Al fin y al cabo, este no es nuestro hogar; no somos más que peregrinos de paso por este mundo de todavía no. Si permitimos que el *ya* de nuestra redención en Cristo avive hoy nuestra alegría y nuestra esperanza, las promesas sobre el regreso de Cristo y la victoria eterna que todavía no se cumplimentaron nos harán libres para caminar en gracia, momento tras momento, con nuestros ojos puestos en el día en que nuestra transformación y el gobierno y reinado eternos de Dios sean consumados por completo.

Mi esperanza es que este resumen básico y simple provoque un estudio más a fondo de este marco teológico. El objetivo de profundizar en cualquier teología es ayudarnos a crecer en nuestra comprensión de Dios y sus caminos para que podamos amarlo, conocerlo y caminar más cerca de él. Que el milagro de la fidelidad de Dios al venir a salvar a pecadores como tú y como yo la primera vez, y su promesa de volver para hacer todas las cosas nuevas y buenas para siempre, nos animen hoy en nuestra fidelidad.

Hay una morada gloriosa provista por Jesucristo para todo su pueblo creyente. El mundo que ahora existe no es su descanso: ellos son peregrinos y extranjeros en él. El cielo es su hogar.

J. C. Ryle, *El cielo*

Cinco pasos para ayudarte a revertir el guion de tu temporada difícil

Cambia la narrativa que estás repitiendo ahora mismo y sigue confiando en Dios para lo que todavía no es considerando tu temporada difícil presente por medio de cinco pasos que te ayudarán a revertir el guion:

1. **Alaba a Dios por quien es.** Recuérdate quién dice Dios que él es en la Biblia. Empieza con el carácter de Dios y sus caminos. Declara las verdades sobre quién es Dios y por qué es importante eso en tu circunstancia. Aquí hay algunos versículos que pueden ayudarte a empezar:
   - Él es Creador: Génesis 1:1-25.
   - Él es el Buen Pastor: Salmo 23; Juan 10:14-18.
   - Él es la Luz del Mundo: Juan 9:5; 1 Juan 1:5; Salmo 18:28.
   - Él es amor: 1 Juan 4:16; Romanos 5:8.
   - Él es nuestra salvación: Isaías 12:2-6; 1 Juan 4:14.

2. **Dale la razón a Dios sobre quién dice él que eres tú.** Primero, reconoce y, luego, cree que lo que Dios dice es verdad acerca de quién eres en Cristo. ¿Y si tu identidad en él afecta tu situación actual?
3. **Recuerda lo que Dios ha hecho.** Háblate a ti mismo sobre la fidelidad de Dios en el pasado según lo que lees en su Palabra y lo que has experimentado en lo personal.
4. **Elige dar un pequeño paso de obediencia.** Haz un inventario de las oportunidades que Dios te ha dado, sea que te gusten o no. Si crees que él es soberano y bueno, ¿en qué puedes dar un paso de fe hoy?
5. **Comparte tu temporada difícil con tu comunidad.** No fuimos hechos para transitar en soledad nuestras temporadas difíciles. Cuando ponemos en práctica declarar la verdad los unos a los otros, para los demás y sobre los demás, recordamos que no estamos solos.

¿Estás lista, listo para intentarlo? A continuación, hay algunos ejemplos míos para que empieces. Posteriormente, encontrarás un espacio para que practiques el revertir el guion de tus propias narrativas:

Mi narrativa: Si decepciono a alguien o no respondo como se espera, la persona que me importa me dejará y me abandonará.
Revierto el guion: La Palabra de Dios dice que él nunca me dejará ni me abandonará. Aunque me sienta olvidada, puedo confiar que él está conmigo en medio de esta temporada desértica.

Mi narrativa: Nunca seré capaz de llegar a ninguna parte con mis metas y mis sueños.
Revierto el guion: En Cristo he sido capacitada con todo lo que necesito para la vida y la santidad. Por más de que me sienta penosamente inadecuada, confiaré en que su poder es suficiente.

Mi narrativa: Solo puedo confiar en mí misma; todos los demás me lastimarán o me fallarán.
Revierto el guion: He probado y he visto la provisión de Dios una y otra vez. Aunque esta temporada ha causado tanto sufrimiento, sé que él proveerá para mí y mi familia.

Mi narrativa: No tengo ningún amigo íntimo, y no hay muchas oportunidades para conocer personas nuevas.
Revierto el guion: Dios me ha puesto en un vecindario y me ha permitido relacionarme con mis vecinos. Si bien es posible que no sean los amigos que yo elegiría porque no tengo mucho en común, puedo invertir en las personas que Dios ha puesto cerca de mí.

Tu turno

Mi narrativa:

Revierto el guion:

Mi narrativa:

Revierto el guion:

Mi narrativa:

Revierto el guion:

Mi narrativa:

Revierto el guion:

Una autoevaluación para empezar donde estás

Empezar donde uno está puede parecer un concepto confuso y lejano y, en consecuencia, puede ser difícil saber cómo empezar. Si te sientes confundido e inseguro sobre qué hacer, aquí hay una evaluación rápida que puedes usar para ayudarte a dirigir tus próximos pasos.

Piensa en una circunstancia de la vida que ahora mismo te haga sentir «lejos de casa». Luego, usando el esquema de las instrucciones de Dios para su pueblo en Jeremías 29:4-14, evalúa tu contexto actual:

1. ¿De qué forma está llamándote Dios a construir una infraestructura para lo que él te ha dado o te ha llamado a hacer?
2. ¿De qué manera(s) puedes cultivar el crecimiento con lo que ya tienes?
3. ¿Quiénes son las personas que Dios ha puesto alrededor de

ti? ¿Cómo puedes dejar un legado para quienes ya están en tus ámbitos de influencia?

4. ¿Cómo puedes procurar no solo tu propio bienestar, sino la paz y el bien en tu contexto o en tu comunidad?

Las Escrituras

1. Cuando el *ya* no es lo que anhelas

El Señor abrió un camino a través de las aguas mediante un fuerte viento oriental. El viento sopló durante toda la noche y transformó el lecho del mar en tierra seca. Entonces el pueblo de Israel cruzó por en medio del mar, caminando sobre tierra seca, con muros de agua a cada lado. (Éxodo 14:21-22)

> Así dice el Señor,
>   el que abrió un camino en el mar,
>   una senda a través de las aguas caudalosas;
> el que hizo salir carros de combate y caballos,
>   ejército y guerrero al mismo tiempo,
> los cuales quedaron tendidos para nunca más levantarse,
>   extinguidos como mecha que se apaga:
> «Olviden las cosas de antaño;

ya no vivan en el pasado.
¡Voy a hacer algo nuevo!
Ya está sucediendo, ¿no se dan cuenta?
Estoy abriendo un camino en el desierto
y ríos en lugares desolados». (Isaías 43:16-19, NVI)

Este es el día que hizo el Señor;
nos gozaremos y alegraremos en él. (Salmo 118:24)

2. Invitación a la inquietud

La serpiente era más astuta que todos los animales del campo que Dios el Señor había hecho, así que le preguntó a la mujer:

—¿Conque Dios les dijo que no comieran de ningún árbol del jardín?

—Podemos comer del fruto de todos los árboles —respondió la mujer—. Pero en cuanto al fruto del árbol que está en medio del jardín, Dios nos ha dicho: «No coman de ese árbol ni lo toquen; de lo contrario, morirán».

Pero la serpiente dijo a la mujer:

—¡No es cierto, no van a morir! Dios sabe muy bien que cuando coman de ese árbol se les abrirán los ojos y llegarán a ser como Dios, conocedores del bien y del mal.

La mujer vio que el fruto del árbol era bueno para comer, y que era atractivo a la vista y era deseable para adquirir sabiduría; así que tomó de su fruto y comió. Luego dio a su esposo, que estaba con ella, y él también comió. En ese momento los ojos de ambos fueron abiertos y tomaron conciencia de su desnudez. Por eso, para cubrirse entretejieron hojas de higuera. (Génesis 3:1-7, NVI)

«Vengan a mí todos los que están cansados y llevan cargas pesadas, y yo les daré descanso. Pónganse mi yugo. Déjenme enseñarles, porque yo soy humilde y tierno de corazón, y encontrarán descanso para el alma. Pues mi yugo es fácil de llevar y la carga que les doy es liviana». (Mateo 11:28-30)

«¡Quédense quietos y sepan que yo soy Dios!». (Salmo 46:10)

3. Escondido no significa olvidado

Muchos de los samaritanos que vivían en aquel pueblo creyeron en él por el testimonio que daba la mujer. (Juan 4:39, NVI)

4. No hace falta florecer para crecer

No se dejen engañar: nadie puede burlarse de la justicia de Dios. Siempre se cosecha lo que se siembra. Los que viven solo para satisfacer los deseos de su propia naturaleza pecaminosa cosecharán, de esa naturaleza, destrucción y muerte; pero los que viven para agradar al Espíritu, del Espíritu, cosecharán vida eterna. Así que no nos cansemos de hacer el bien. A su debido tiempo, cosecharemos numerosas bendiciones si no nos damos por vencidos. (Gálatas 6:7-9)

Ustedes se propusieron hacerme mal, pero Dios dispuso todo para bien. Él me puso en este cargo para que yo pudiera salvar la vida de muchas personas. (Génesis 50:20)

> Dichoso es quien
> no sigue el consejo de los malvados,
> ni se detiene en la senda de los pecadores,
> ni se sienta en la reunión de los burladores,
> sino que en la Ley del Señor se deleita
> y día y noche medita en ella.
> Es como el árbol plantado a la orilla de un río
> que, cuando llega a su tiempo, da fruto
> y sus hojas jamás se marchitan.
> Todo cuanto hace prospera. (Salmo 1:1-3, NVI)

Entremos directamente a la presencia de Dios con corazón sincero y con plena confianza en él. Pues nuestra conciencia culpable ha sido rociada con la sangre de Cristo a fin de purificarnos, y nuestro cuerpo ha sido lavado con agua pura. Mantengámonos firmes sin titubear en la esperanza que afirmamos, porque se puede confiar en que Dios cumplirá su promesa. (Hebreos 10:22-23)

5. *Algún día* está formado por miles de *ya*

Los alumnos no son superiores a su maestro, pero el alumno que complete su entrenamiento se volverá como su maestro. (Lucas 6:40)

He peleado la buena batalla, he terminado la carrera, me he mantenido en la fe. Por lo demás me espera la corona de justicia que el Señor, el Juez justo, me otorgará en aquel día; y no solo a mí, sino también a todos los que con amor hayan esperado su venida. (2 Timoteo 4:7-8, NVI)

¿No se dan cuenta de que en una carrera todos corren, pero solo una persona se lleva el premio? ¡Así que corran para ganar! Todos los atletas se entrenan con disciplina. Lo hacen para ganar un premio que se desvanecerá, pero nosotros lo hacemos por un premio eterno. Por eso yo corro cada paso con propósito. No solo doy golpes al aire. Disciplino mi cuerpo como lo hace un atleta, lo entreno para que haga lo que debe hacer. De lo contrario, temo que, después de predicarles a otros, yo mismo quede descalificado. (1 Corintios 9:24-27)

Destruimos todo obstáculo de arrogancia que impide que la gente conozca a Dios. Capturamos los pensamientos rebeldes y enseñamos a las personas a obedecer a Cristo. (2 Corintios 10:5)

Así también ustedes deberían considerarse muertos al poder del pecado y vivos para Dios por medio de Cristo Jesús. (Romanos 6:11)

Sobre todo, vístanse de amor, lo cual nos une a todos en perfecta armonía. (Colosenses 3:14)

Esto significa que todo el que pertenece a Cristo se ha convertido en una persona nueva. La vida antigua ha pasado; ¡una nueva vida ha comenzado! (2 Corintios 5:17)

No imiten las conductas ni las costumbres de este mundo, más bien dejen que Dios los trasforme en personas nuevas al cambiarles la manera de pensar. Entonces aprenderán a conocer la voluntad de Dios para ustedes, la cual es buena, agradable y perfecta. (Romanos 12:2)

No solo escuchen la Palabra de Dios; tienen que ponerla en práctica. De lo contrario, solamente se engañan a sí mismos. Pues, si escuchas la palabra pero no la obedeces, sería como ver tu cara en un espejo; te ves a ti mismo, luego te alejas y te olvidas cómo eres. Pero si miras atentamente en la ley perfecta que te hace libre y la pones en práctica y no olvidas lo que escuchaste, entonces Dios te bendecirá por tu obediencia. (Santiago 1:22-25)

6. El caos produce carácter

Sabemos que Dios dispone todas las cosas para el bien de quienes lo aman, los que han sido llamados de acuerdo con su propósito. (Romanos 8:28, NVI)

> ¿Quién creó un canal para los torrentes de lluvia?
> ¿Quién trazó el sendero del relámpago?
> ¿Quién hace caer la lluvia en tierra árida,
> en el desierto donde nadie vive?
> ¿Quién envía la lluvia para saciar la tierra seca
> y hace que brote la hierba tierna? (Job 38:25-27)

Dios hizo dos grandes luces: la más grande para que gobernara el día, y la más pequeña para que gobernara la noche. También hizo las estrellas. Dios puso esas luces en el cielo para iluminar la tierra, para que gobernaran el día y la noche, y para separar la luz de la oscuridad. Y Dios vio que esto era bueno. (Génesis 1:16-18)

Sin embargo, nadie sabe el día ni la hora en que sucederán estas cosas, ni siquiera los ángeles en el cielo ni el propio Hijo. Solo el Padre lo sabe. (Mateo 24:36)

Él ya existía antes de todas las cosas y mantiene unida toda la creación. (Colosenses 1:17)

Pues todas las promesas de Dios se cumplieron en Cristo con un resonante «¡sí!», y por medio de Cristo, nuestro «amén» (que significa «sí») se eleva a Dios para su gloria. (2 Corintios 1:20)

Y el que estaba sentado en el trono dijo: «¡Miren, hago nuevas todas las cosas!». (Apocalipsis 21:5)

No malinterpreten la razón por la cual he venido. No vine para abolir la ley de Moisés o los escritos de los profetas. Al contrario, vine para cumplir sus propósitos. (Mateo 5:17)

7. Los llamados de Dios son habilitantes

Y sabemos que Dios hace que todas las cosas cooperen para el bien de quienes lo aman y son llamados según el propósito que él tiene para ellos. (Romanos 8:28)

Y ahora, que toda la gloria sea para Dios, quien puede lograr mucho más de lo que pudiéramos pedir o incluso imaginar mediante su gran poder, que actúa en nosotros. (Efesios 3:20)

Y estoy seguro de que Dios, quien comenzó la buena obra en ustedes, la continuará hasta que quede completamente terminada el día que Cristo Jesús vuelva. (Filipenses 1:6)

> Levanto la vista hacia las montañas;
>   ¿viene de allí mi ayuda?
> ¡Mi ayuda viene del Señor,
>   quien hizo el cielo y la tierra! (Salmo 121:1-2)

¡Miren! ¡El Cordero de Dios, que quita el pecado del mundo! A él me refería cuando yo decía: «Después de mí, vendrá un hombre que es superior a mí porque existe desde mucho antes que yo». (Juan 1:29-30)

Por lo tanto, ya que estamos rodeados por una enorme multitud de testigos de la vida de fe, quitémonos todo peso que nos impida correr, especialmente el pecado que tan fácilmente nos hace tropezar. Y corramos con perseverancia la carrera que Dios nos ha puesto por delante. Esto lo hacemos al fijar la mirada en Jesús, el campeó que inicia y perfecciona nuestra fe. Debido al gozo que le esperaba, Jesús soportó la cruz, sin importarle la vergüenza que esta representaba. Ahora está sentado en el lugar de honor, junto al trono de Dios. (Hebreos 12:1-2)

Así que, todos nosotros, a quienes nos ha sido quitado el velo, podemos ver y reflejar la gloria del Señor. El Señor, quien es el Espíritu, nos hace más y más parecidos a él a medida que somos transformados a su gloriosa imagen. (2 Corintios 3:18)

Cada vez él me dijo: «Mi gracia es todo lo que necesitas; mi poder actúa mejor en la debilidad». Así que ahora me alegra jactarme de mis debilidades, para que el poder de Cristo pueda actuar a través de mí. Es por esto que deleito en mis debilidades, y en los insultos, en privaciones, persecuciones y dificultades que sufro por Cristo. Pues, cuando soy débil, entonces soy fuerte. (2 Corintios 12:9-10)

—Toma a tu hijo, tu único hijo —sí, a Isaac, a quien tanto amas— y vete a la tierra de Moriah. Allí lo sacrificarás como ofrenda quemada sobre uno de los montes, uno que yo te mostraré. (Génesis 22:2)

Isaac se dio vuelta y le dijo a Abraham:

—¿Padre?

—Sí, hijo mío —contestó Abraham.

—Tenemos el fuego y la leña —dijo el muchacho—, ¿pero dónde está el cordero para la ofrenda quemada?

—Dios proveerá un cordero para la ofrenda quemada, hijo mío —contestó Abraham. (Génesis 22:7-8)

—¡No pongas tu mano sobre el muchacho! —dijo el ángel—. No le hagas ningún daño, porque ahora sé que de verdad temes a Dios. No me has negado ni siquiera a tu hijo, tu único hijo. (Génesis 22:12)

Entonces Abraham levantó los ojos y vio un carnero que estaba enredado por los cuernos en un matorral. Así que tomó el carnero y lo sacrificó como ofrenda quemada en lugar de su hijo. Abraham llamó a aquel lugar Yahveh-jireh (que significa «el Señor proveerá»). Hasta el día de hoy, la gente todavía usa ese nombre como proverbio: «En el monte del Señor será provisto». (Génesis 22:13-14)

8. Cuando es más que una temporada difícil

Oh Dios, tú eres mi Dios;
  de todo corazón te busco.
Mi alma tiene sed de ti;
  todo mi cuerpo te anhela
en esta tierra reseca y agotada
  donde no hay agua. (Salmo 63:1)

Te tomaré como pueblo mío y seré tu Dios. Entonces sabrás que yo soy el Señor tu Dios, quien te ha librado de la opresión de Egipto. (Éxodo 6:7)

Sí, te humilló permitiendo que pasaras hambre y luego alimentándote con maná, un alimento que ni tú ni tus antepasados conocían hasta ese momento. Lo hizo para enseñarte que la gente no vive solo de pan, sino que vivimos de cada palabra que sale de la boca del Señor. (Deuteronomio 8:3)

Ten cuidado de no olvidar al Señor tu Dios.
(Deuteronomio 8:11)

Todo esto lo hizo para que nunca se te ocurriera pensar: «He conseguido toda esta riqueza con mis propias fuerzas y energías». (Deuteronomio 8:17)

> Oh Dios, tú eres mi Dios;
> de todo corazón te busco.
> Mi alma tiene sed de ti;
> todo mi cuerpo te anhela
> en esta tierra reseca y agotada
> donde no hay agua.
> Te he visto en tu santuario
> y he contemplado tu poder y tu gloria.
> Tu amor inagotable es mejor que la vida misma;
> ¡cuánto te alabo!
> Te alabaré mientras viva;
> a ti levantaré mis manos en oración.
> Tú me satisfaces más que un suculento banquete;
> te alabaré con cánticos de alegría.
> Recostado, me quedo despierto
> pensando y meditando en ti durante la noche.
> Como eres mi ayudador,
> canto de alegría a la sombra de tus alas.
> Me aferro a ti;

tu fuerte mano derecha me mantiene seguro. (Salmo
63:1-8)

9. Las historias que nos contamos a nosotros mismos

Vuélvete a mí y ten misericordia de mí,
porque estoy solo y profundamente angustiado.
(Salmo 25:16)

Cuando estaba en graves dificultades,
busqué al Señor.
Toda la noche oré con las manos levantadas hacia el cielo,
pero mi alma no encontró consuelo.
(Salmo 77:2)

Siempre están en mis pensamientos;
no puedo dejar de pensar en tus obras poderosas.
Oh Dios, tus caminos son santos.
¿Existe algún dios tan poderoso como tú?
(Salmo 77:12-13)

Te abriste camino a través del mar
y tu sendero atravesó las poderosas aguas,
¡una senda que nadie sabía que estaba allí!
Guiaste a tu pueblo por ese camino como a un rebaño
de ovejas,
con Moisés y Aarón de pastores. (Salmo 77:19-20)

Por todos lados nos presionan las dificultades, pero no nos aplastan. Estamos perplejos pero no caemos en la desesperación. Somos perseguidos pero nunca abandonados por Dios. Somos derribados, pero no destruidos. (2 Corintios 4:8-9)

Es por esto que nunca nos damos por vencidos. Aunque nuestro cuerpo está muriéndose, nuestro espíritu va renovándose cada día. Pues nuestras dificultades actuales son pequeñas y no durarán mucho tiempo. Sin embargo, ¡nos producen una gloria que durará para siempre y que es de mucho más peso que las dificultades! Así que no miramos las dificultades que ahora vemos; en cambio, fijamos nuestra vista en cosas que no pueden verse. Pues las cosas que ahora podemos ver pronto se habrán ido, pero las cosas que no podemos ver permanecerán para siempre. (2 Corintios 4:16-18)

Así que alégrense de verdad. Les espera una alegría inmensa, aunque tienen que soportar muchas pruebas por un tiempo breve. Estas pruebas demostrarán que su fe es auténtica. Está siendo probada de la misma manera que el fuego prueba y purifica el oro, aunque la fe de ustedes es mucho más preciosa que el mismo oro. Entonces su fe, al permanecer firme en tantas pruebas, les traerá mucha alabanza, gloria y honra en el día que Jesucristo sea revelado a todo el mundo. (1 Pedro 1:6-7)

Que toda la alabanza sea para Dios, el Padre de nuestro Señor Jesucristo. Es por su gran misericordia que hemos nacido de nuevo, porque Dios levantó a Jesucristo de los muertos. Ahora vivimos con gran expectación y tenemos una herencia que no tiene precio, una herencia que está reservada en el cielo para ustedes, pura y sin mancha, que no puede cambiar ni deteriorarse. Por la fe que tienen, Dios los protege con su poder hasta que reciban esta salvación, la cual está lista para ser revelada en el día final, a fin de que todos la vean. (1 Pedro 1:3-5)

También nos alegramos al enfrentar pruebas y dificultades porque sabemos que nos ayudan a desarrollar resistencia. Y la resistencia desarrolla firmeza de carácter, y el carácter fortalece nuestra esperanza segura de salvación. Y esa esperanza no acabará en desilusión. Pues sabemos con cuánta ternura nos ama Dios, porque nos ha dado el Espíritu Santo para llenar nuestro corazón con su amor. (Romanos 5:3-5)

10. Empieza donde estás

Así dice el Señor de los Ejércitos, el Dios de Israel, a todos los que envié al exilio de Jerusalén a Babilonia: «Construyan casas y habítenlas; planten huertos y coman de su fruto. Cásense y tengan hijos e hijas. También casen a sus hijos e hijas para que a su vez ellos les den nietos. Multiplíquense allá y no disminuyan. Además, busquen el bienestar de la ciudad adonde los he deportado y pidan al Señor por ella, porque el bienestar de ustedes depende del bienestar de la ciudad». (Jeremías 29:4-7, NVI)

Permanezcan en mí y yo permaneceré en ustedes. Así como ninguna rama puede dar fruto por sí misma, sino que tiene que permanecer en la vid, así tampoco ustedes pueden dar fruto si no permanecen en mí. Yo soy la vid y ustedes son las ramas. El que permanece en mí, como yo en él, dará mucho fruto; separados de mí no pueden ustedes hacer nada. (Juan 15:4-5, NVI)

Además, busquen el bienestar de la ciudad adonde los he deportado y pidan al Señor por ella, porque el bienestar de ustedes depende del bienestar de la ciudad. (Jeremías 29:7, NVI)

Así dice el Señor: «Cuando a Babilonia se le hayan cumplido los setenta años, yo los visitaré y haré honor a mi promesa en favor de ustedes; los haré volver a este lugar. Porque yo conozco los planes que tengo para ustedes —afirma el Señor—, planes de bienestar y no de calamidad, a fin de darles un futuro y una esperanza. Entonces ustedes me invocarán, vendrán a suplicarme y yo los escucharé. Me buscarán y me encontrarán cuando me busquen de todo corazón. Me dejaré encontrar —afirma el Señor—, y los haré volver del cautiverio. Yo los reuniré de todas las naciones y de todos los lugares adonde los haya dispersado y los haré volver al lugar del cual los deporté», afirma el Señor. (Jeremías 29:10-14, NVI)

Lo que quiero decir, queridos amigos, es que deben seguir haciendo lo que han hecho desde el principio. Cuando yo vivía entre ustedes, obedecían con responsabilidad. Ahora que estoy lejos de ustedes, sigan así. Mejor aún, redoblen sus esfuerzos. Sean enérgicos en su vida de salvación, reverentes y sensibles ante Dios. Esa energía es la energía de Dios, está en lo profundo de su ser, donde la voluntad misma de Dios está actuando para lo que más le complacerá a él. (Filipenses 2:12-13, MSG)

Y estoy seguro de que Dios, quien comenzó la buena obra en ustedes, la continuará hasta que quede completamente terminada el día que Cristo Jesús vuelva. (Filipenses 1:6)

Hermanos míos, considérense muy dichosos cuando tengan que enfrentarse con diversas pruebas, pues ya saben que la prueba de su fe produce perseverancia. Y la perseverancia debe llevar a feliz término la obra, para que sean perfectos e íntegros sin que les falte nada. (Santiago 1:2-4, NVI)

Por tanto, también nosotros que estamos rodeados de una nube tan grande de testigos, despojémonos de todo peso y del pecado que nos asedia y corramos con perseverancia la carrera que tenemos por delante. Fijemos la mirada en Jesús, el iniciador y perfeccionador de nuestra fe, quien por el gozo que le esperaba, soportó la cruz, menospreciando la vergüenza que ella significaba, y ahora está sentado a la derecha del trono de Dios. (Hebreos 12:1-2, NVI)

Conclusión

No, amados hermanos, no lo he logrado, pero me concentro únicamente en esto: olvido el pasado y fijo la mirada en lo que tengo por delante, y así avanzo hasta llegar al final de la carrera para recibir el premio celestial al cual Dios nos llama por medio de Cristo Jesús. (Filipenses 3:13-14)

Que toda la gloria sea para él, quien es el único Dios, nuestro Salvador por medio de Jesucristo nuestro Señor. ¡Toda la gloria, la majestad, el poder y la autoridad le pertenecen a él desde antes de todos los tiempos, en el presente y por toda la eternidad! Amén. (Judas 1:25)

El marco teológico de *El ya y el todavía no*

Hace mucho tiempo, Dios habló muchas veces y de diversas maneras a nuestros antepasados por medio de los profetas. Y ahora, en estos últimos días, nos ha hablado por medio de su Hijo. Dios le prometió todo al Hijo como herencia y, mediante el Hijo, creó el universo. (Hebreos 1:1-2)

Oí una fuerte voz que salía del trono y decía: «¡Miren, el hogar de Dios ahora está entre su pueblo! Él vivirá con ellos, y ellos serán su pueblo. Dios mismo estará con ellos. Él les secará toda lágrima de los ojos, y no habrá más muerte ni tristeza ni llanto ni dolor. Todas esas cosas ya no existirán más». (Apocalipsis 21:3-4)

Agradecimientos

Gran parte de este libro fue escrito mientras este mismo mensaje se ponía a prueba en mí, en tiempo real. Fue un mensaje aprendido con esfuerzo. Estoy agradecida con quienes lucharon conmigo:

Troy, tú encarnas incansablemente la perseverancia del ya y todavía no. Gracias por enseñarme cómo insistir, perseverar y cómo *carpe diem* a la luz de la eternidad.

Caleb, Liam, Judah, Stone, Asa y Haddon: qué bien que aman a su mamá; yo no podría hacer esto sin su apoyo.

Eve, no hace falta que leas cada palabra, pero lo haces. No tienes que cuidar estas obras como si fueran tuyas, pero lo haces. Estoy sumamente agradecida por una amiga como tú.

Al equipo de GraceLaced (Ana-Lidia, Annalea, Camille, Eve, Jen, Mallory y Rachael): ustedes me liberaron para que yo hiciera este trabajo que Dios me llamó a hacer. Logran que crear belleza sea tan divertido, especial y significativo, de verdad. Gracias por ser el equipo ideal.

Mi agente, Jenni Burke, gracias por el cuidado y la consideración que me brindaste al defender mi voz. Te agradezco por tu amistad y tu guía.

Jessica, gracias por ser la mejor editora que yo podía esperar: incansablemente amable y alguien que propone ideas y analiza. Gracias por administrar este mensaje conmigo y llevarlo conmigo hasta la línea de la meta.

A mi equipo de Nelson Books: Andrew Stoddard, Jessica Wong Rogers, Brigitta Nortker, Kristen Golden, Lisa Beech, Claire Drake, Chris Sigfrids, Meg Schmidt y Kristen Sasamoto. Estoy muy agradecida por cómo me dan ánimo y aportan excelencia en cada paso del recorrido de este libro.

Y a la familia de mi iglesia casera: me han animado, edificado y orado por mí durante toda la escritura de este libro. No podría pedir una comunidad más cariñosa con la cual crecer. Gracias por ser parte de la gran provisión de Dios en nuestro ya y todavía no.

A mi Padre celestial, quien es paciente conmigo: eres digno de alabanza por todo lo que has hecho y todavía harás. Gracias por darme todas las razones para seguir adelante en este momento... incluso ahora.

Notas

Capítulo 1: Cuando el *ya* no es lo que anhelas

1. Elisabeth Elliot, *Keep a Quiet Heart: 100 Devotional Readings* [Mantén tu corazón en calma: 100 lecturas devocionales] (Grand Rapids: Revell, 2022), 20; énfasis en el original.

Capítulo 2: Invitación a la inquietud

1. *Oxford Advanced Learner's Dictionary*, s. v. «restlessness» [inquietud], https://www.oxfordlearnersdictionaries.com/us/definition/english/restlessness.
2. Augustine, *The Confessions*, trad. Henry Chadwick (Oxford University Press, 2008), 1.1.1. Publicado en español como *Confesiones de San Agustín*.

Capítulo 3: Escondido no significa olvidado

1. David Mathis, «How God Became a Man: What Jesus Did for Thirty Years» [Cómo Dios se hizo hombre: Qué hizo Jesús durante treinta años], *Desiring God*, 8 de diciembre del 2016, https://www.desiringgod.org/articles/how-god-became-a-man.
2. Jon Bloom, «Joseph: Staying Faithful When Things Just Get Worse» [José: Mantenerse fiel cuando las cosas empeoran], *Desiring God*, 1 de marzo del 2010, https://www.desiringgod.org/articles/joseph-staying-faithful-when-things-just-get-worse.

Capítulo 4: No hace falta florecer para crecer

1. Paul David Tripp, *Instruments in the Redeemer's Hands: People in Need of Change Helping People in Need of Change* (Phillipsburg, NJ: P&R Publishing, 2002), 63. Publicado en español como *Instrumentos en las manos del Redentor: Cómo personas necesitadas de transformación pueden ayudar a otros necesitados de transformación.*

Capítulo 5: Algún día está formado por miles de *ya*

1. Ruth Chou Simons, *When Strivings Cease: Replacing the Myth of Self-Improvement with the Good News of Life-Transforming Grace* [Cuando dejamos de esforzarnos: Reemplazar el mito de la autosuperación con las buenas nuevas de la gracia que transforma vidas] (Nashville: Thomas Nelson, 2021).
2. «El viaje es el destino» es una frase que suele ser atribuida a Homero, pero no tiene fundamento textual.
3. G. K. Chesterton, «How I Met the President», *Tremendous Trifles* (1909; repr., Berkeley, CA: Mint Editions, 2021), 68. Publicado en español como «Mi encuentro con el presidente» en *Enormes minucias.*
4. Malcolm Gladwell, *Outliers: The Story of Success* (Boston: Little, Brown and Company, 2008), 39–42. Publicado en español como *Fuera de serie.*
5. Angela Duckworth, *Grit: The Power of Passion and Perseverance* (Nueva York: Scribner, 2016). Publicado en español como *Grit: El poder de la pasión y la perseverancia.*
6. Jeffrey R. Young, «Researcher Behind "10,000-Hour Rule" Says Good Teaching Matters, Not Just Practice» [El investigador que estudió la «Regla de las 10000 horas» dice que la buena enseñanza importa, no solo la práctica], *EdSurge*, 5 de mayo del 2020, https://www.edsurge.com/news/2020-05-05-researcher-behind-10-000-hour-rule-says-good-teaching-matters-not-just-practice.
7. Arnold Lobel, «Tomorrow» en *Days with Frog and Toad* (Nueva York: HarperCollins, 1979), 5. Publicado en español como «Mañana» en *Días con Sapo y Sepo.*
8. Lobel, «Mañana», Alfaguara Infantil, págs. 12–14.
9. Oxford Dictionary of Proverbs, 6.ª ed. (Oxford University Press, 2015), s. v. «Never put off till tomorrow what you can do today» [No dejes para mañana lo que puedes hacer hoy], https://proverbs_new.en-academic.com/1932/never_put_off_till_tomorrow_what_you_can_do_today.

Capítulo 6: El caos produce carácter

1. «Aren't Sure? Brain Is Primed for Learning» [¿No estás seguro? El cerebro está preparado para aprender], *YaleNews*, 19 de julio del 2018, https://news.yale.edu/2018/07/19/arent-sure-brain-primed-learning.
2. «Aren't Sure? Brain Is Primed» [¿No estás seguro? El cerebro está preparado para aprender].
3. Jessica Stillman, «Science Has Just Confirmed That If You're Not Outside Your Comfort Zone You're Not Learning» [La ciencia acaba de confirmar que, si no estás fuera de tu zona de confort, no aprendes], Inc.com, 14 de agosto del 2018, https://www.inc.com/jessica-stillman/want-to-learn-faster-make-your-life-ore-unpredictable.html.
4. Stillman, «Science Has Just Confirmed» [La ciencia acaba de confirmar].
5. Stillman, «Science Has Just Confirmed» [La ciencia acaba de confirmar].
6. Timothy Keller (@timkellernyc), «Dios solo te dará lo que tú habrías pedido, si supieras todo lo que él sabe», *X*, 17 de junio del 2019, 1:09 p.m., https://twitter.com/timkellernyc/status/1140682773134544896?lang=en.
7. John Piper, «Use Means, but Trust in God» [Usa tus recursos, pero confía en Dios], *Desiring God*, 17 de febrero del 2004, https://www.desiringgod.org/messages/use-means-but-trust-in-god.

Capítulo 9: Las historias que nos contamos a nosotros mismos

1. Paul David Tripp, *New Morning Mercies: A Daily Gospel Devotional* (Wheaton, IL: Crossway, 2014), 4 de febrero. Publicado en español como *Nuevas misericordias cada mañana: 365 reflexiones para recordarte el evangelio todos los días*.
2. Ruth Chou Simons, *TruthFilled: The Practice of Preaching to Yourself through Every Season* (Nashville: Lifeway, 2020). Publicado en español como *Llenas de verdad: La práctica de predicarnos la Palabra de Dios en cada etapa de la vida*.
3. Dean Collins, «Why Your Spine Goes Out of Alignment?» [¿Por qué tu columna vertebral se desalinea?], *Collins Chiropractic Health & Wellness Centre*, 22 de junio del 2022, https://drcollins.ca/spine-goes-out-of-alignment.

Capítulo 10: Empieza donde estás

1. Scott Hubbard, «Love the Place You Want to Leave» [Ama el lugar del que quieres irte], *Desiring God*, 5 de mayo del 2023, https://www.desiringgod.org/articles/love-the-place-you-want-to-leave.
2. Samuel Rutherford, *Letters of Samuel Rutherford: With a Sketch of His Life* [Cartas de Samuel Rutherford: Con un bosquejo de su vida], ed. Andrew Alexander Bonar (Nueva York: Robert Carter & Brothers, 1863), 93.
3. G. K. Chesterton, «Folly and Female Education», *What's Wrong with the World* (1910; repr., San Francisco: Ignatius Press, 1994), capítulo 41. Publicado en español como «La tontería y la educación de la mujer» en *Lo que está mal en el mundo*.
4. George Müller, según lo cita John Piper, «Use Means, but Trust in God» [Usa tus recursos, pero confía en Dios], *Desiring God*, 17 de febrero del 2004, https://www.desiringgod.org/messages/use-means-but-trust-in-god. Énfasis en el original.
5. Piper, «Use Means, but Trust in God» [Usa tus recursos, pero confía en Dios].

Acerca de la autora

Ruth Chou Simons es una escritora de éxitos superventas del *Wall Street Journal*, ganadora de premios y autora de varios libros y estudios bíblicos, entre ellos: *GraceLaced* (Repleta de gracia), *Beholding and Becoming* (Contemplar y convertirse), *When Strivings Cease* (Cuando dejamos de esforzarnos) y *Llenas de verdad*. Es artista, empresaria, anfitriona de un pódcast y conferencista. Usa cada una de estas plataformas para sembrar la Palabra de Dios en el corazón de las personas. A través de las redes sociales y de su tienda virtual en GraceLaced.com, Simons comparte su recorrido en la gracia de Dios, entrelazando la vida cotidiana con las palabras y el arte. Ruth y su esposo, Troy, son padres agradecidos de tener seis varones, su mayor aventura.